잘난 척하고
싶을 때
써먹기 좋은

잡학
상식
2

잘난 척하고
싶을 때
써먹기 좋은

잡학
상식
2

초판 1쇄 인쇄 2025년 1월 8일
초판 1쇄 발행 2025년 1월 15일

지은이 앤드류

발행인 장상진
발행처 (주)경향비피
등록번호 제2012-000228호
등록일자 2012년 7월 2일

주소 서울시 영등포구 양평동 2가 37-1번지 동아프라임밸리 507-508호
전화 1644-5613 | **팩스** 02) 304-5613

ⓒ이상규

ISBN 978-89-6952-607-6 03030

잘난 척하고
싶을 때
써먹기 좋은

잡학
상식
2

앤드류 지음

경향BP

잡학상식, 인생을 풍요롭게 만드는 퍼즐 조각

『잘난 척하고 싶을 때 써먹기 좋은 잡학상식』의 머리말에서 2편으로 만날 수 있길 기대한다는 내용을 적었는데 현실이 됐다. 그간 개인적으로 많은 일이 있었다. 팟캐스트에 연재를 했고, 코로나는 끝났으며, 한여름에 에어컨 없이는 못 사는, 머리가 희끗희끗한 아저씨가 되었다.

하지만 그럼에도 변하지 않은 게 있다. 나는 여전히 유튜브로 사람들에게 쓸데없는 정보를 주는 것에 재미를 느끼고 있다. 이게 무슨 소용이냐고? 잡지식을 쌓는 게 지금 당장은 무용해 보이지만, 언젠가는 유용해질 수도 있으니까….

세상일은 어떻게 흘러갈지 모른다. 2015년 회사를 다니며 적성에 안 맞는다고 생각하던 나는 시간이 날 때마다 온갖 '썰'들을 스크랩하듯이 머릿속에 집어넣기 시작했다. 회사를 그만둔 이후에는 여러 일을 하며 쓸데없는 정보들을 머릿속에 모아 두었다.

그 내용들은 모두 내가 유튜브를 시작하면서 콘텐츠를 제작하는 기반이 되었고 덕분에 이렇게 책을 쓸 수 있게 되었다. 덤으로 사람들과의 대화에서 우스갯소리 하나 정도는 던질 수 있는 여유도 갖게 되었다. 2015년의 나는 이 지식들이 유튜브를 처음 시작한 2019년을 지나 2024년까지 유용하게 쓰일 거라고 상상이나 했을까?

미국의 소설가 이디스 워튼은 "여자의 마음에는 여러 개의 방이 있고, 그 방을 모든 사람에게 오픈해 보여 주지는 않는다."고 했다. 갑자기 무슨 소리인가 싶겠지만 비단 여자의 마음뿐만 아니라 모든 사람의 뇌에 이 말이 적용된다고 생각한다. 우리 뇌에는 여러 개의 방이 있고, 우리가 온종일 받아들이는 정보들을 각각의 방에 구분해서 넣어 놓는다. 어떤 건 중요한 약속이나 정보, 어떤 건 내일이면 잊힐 재미있는 유튜브 영상, 또 어떤 건 당장 기억하려고 애쓰지 않아도 되는 것들….

이 책의 정보들은 어쩌면 '당장 기억하려고 애쓰지 않아도 되는 것들'이다. 하지만 그 방이 어디에 있건 여러분이 그것들이 도망가지 않게 문을 잘 닫아 두었다가 필요할 때 꺼내서 보면 좋겠다는 생각을 한다. 그럼 내 책이 종이 낭비가 아닌 건 확실하니까….

참고로 이 책에 있는 '방문을 때려 부수는 법'이라는 글을 먼저 읽고 나머지 부분을 읽기 시작해도 된다. 이 정도면 확실히 넣어 뒀다가 꺼내도 쓸모 있는 내용일 것이다.

책을 쓰는 데 또 한 번 도움을 주신 이영민 편집장님과 김영화 주간님, 가족들 그리고 수현이에게 깊은 감사를 표한다.

앤드류

차 례

머리말 · 004

CHAPTER 1

모험심을 자극하는 화제!
미스터리

001 타이타닉호 침몰 : 소설가가 이 사고를 예측했다?   016

002 가방을 든 신, 여러 문명의 그림에 그려졌다?   018

003 아직도 풀리지 않은 유명한 미스터리 9가지   020

004 악마의 성경, 코덱스 기가스   023

005 사막 한복판에 누가 이런 걸 세워 뒀어?   025

006 아직까지 잡히지 않은 일본의 현금털이범   027

007 미국에서 좀비가 사람을 공격했다?   029

008 자신이 시간 여행자라고 주장하는 사람들   031

CHAPTER 2
어색한 분위기를 깰 때 좋은 황당한 이야기

009 이게 럭키비키인 거야? 완전 교통사고잖아!?   034

010 세계 각국의 응급번호   037

011 방문을 때려 부수는 법   039

012 12세기 스코틀랜드 건물에 이게 왜?   041

013 칵테일은 칵테일인데 못 마시는 칵테일?   043

014 맞는 말을 해도 아무도 믿어 주지 않는다면?   045

015 갑옷 입은 중세 시대 기사들은 어떻게 똥을 쌌을까?   047

016 알고 나면 황당하고도 신박한 사실 21가지   049

017 싸움에 별로 도움 안 되는 황당한 무기 9가지   054

018 글씨를 잘 써야 하는 이유   058

019 하늘 위에 동물농장이 지어진 사연   060

020 피사의 사탑은 제대로 서 있었던 적이 없다?   062

021 미국 맥도날드 매장 수보다 독일의 ○이 더 숫자가 많다?   064

022 지금까지 세워진 가장 이상한 세계 기록 TOP 7   066

023 세계에서 가장 긴 책은? 세상에서 가장 짧은 소설은?   069

CHAPTER 3

지금은 맞고 그때는 틀리다!
전쟁·역사

024	우리가 잘 몰랐던 역사 속 사실 10가지	072
025	미남으로 소문난 조선의 남자들	076
026	역사 속에서 뭔가 안 좋은 게 있다면 십중팔구 이놈들 짓이다	079
027	아편과 펜타닐에 숨은 비밀	082
028	세계사 속 매국노 8명	084
029	자기관리가 철저하고 잘 꾸며야 상남자?	088
030	알고 보니 황당 그 잡채, 알려지지 않은 역사 속 이야기 10	090
031	비호감인 사람을 유식하게 표현하면?	093
032	역사상 존재했던 잔인한 고문 방법 8가지	095
033	역사 속 독재자들의 '근황올림픽'	099
034	절세 미모를 자랑하는 9명의 미녀가 가진 아름다움의 비밀	102
035	전쟁을 승리로 이끈 유령부대?	106
036	이게 진짜라고? 우리가 잘 몰랐던 역사 10가지	108
037	'대만보다 중국에 가까운' 대만 땅이 있다?	112
038	프랑스인이 영국 왕을 했다고?	114

CHAPTER 4

솔직히 까놓고 말해 보는
성·연애

039	섹스와 관련된 어이없는 사실 10가지	118
040	'야릇'한 소리가 가짜일 수도 있다?	121
041	남자의 멋진 목소리, 여심을 사로잡는다?	123

042 남성에게 '소중'한 기둥, 부러질 수 있다?   125

043 알아 두면 쓸데없진 않을 섹스와 관련된 사실 10가지   127

044 3년 동안 관계를 맺지 않으면 일어나는 일   130

045 푸른 알약이 멸종 위기 동물들도 살려 낸다?   132

046 양말 신고 하면 쾌락이 커진다고?   134

047 진정한 사랑은 이것이 있어야 한다?   136

048 이런 사람은 연애 대상으로 무조건 피해라?   138

049 건강한 연애를 위해 필요한 9가지   140

050 한 번 데이면 쳐다도 안 보는 과학적인 이유   143

051 그럼에도 이상형이 '소나무' 같은 이유   145

CHAPTER 5

음식 앞에 두고 풀기 좋은 화제! 술·음식

052 코냑 마실 때 알아 둬야 할 상식 5가지   148

053 피우기 전에 알아야 할 시가에 대한 필수 상식 8가지   151

054 알고 먹으면 더 맛있는 '구인네스'의 비밀   155

055 콩 심은 데 콩 나고, 똥 심은 데 똥 난다?   157

056 코카콜라로 할 수 있는 것들   159

057 해외여행 가면 꼭 먹어 봐야 할 음식들   161

058 세계에서 맛볼 수 있는 이상한 음식 9가지   164

059 더울 때 먹는 냉면과 관련된 우리가 몰랐던 사실들   167

060 어떤 게 원조인지 헷갈리는 식품 5가지   169

061 포카리스웨트에 숨은 비밀   171

062 아침 식사 시리얼이 성욕 감퇴 음식?   173

063 샌드위치 백작의 이야기가 거짓말일 수도?   175

064 옆집 아저씨 선정 '세계에서 가장 맛이 이상한 음료수'   177

065 이 위스키에 투자하면 돈을 벌 수 있다?   179

066 이 맥주가 '가정 폭력' 양산의 주범?   181

067 상추 먹으면 진짜 졸릴까?   183

CHAPTER 6

마니아도 99% 모른다?! 스포츠

068 요즘 뜨는 신종 스포츠? 우리가 몰랐던 신기한 운동 6가지   186

069 축구 선수들의 세리머니에 숨은 심리학적 비밀   189

070 스포츠와 관련된 어이없고 요상한 기록   191

071 러닝, 제대로 알고 하나요?   194

072 가장 '멋진 골'을 넣은 축구 선수에게 주는 상?   196

073 운동 경기 중에 발생한 웃지 못할 이야기들   198

074 운동선수들이 믿는 이상한 미신들   201

075 한국인이 활만 잡으면 정중앙에 화살을 꽂아 넣는 이유   204

076 노를 젓는 조정계의 '고연전'이 있다?   206

077 1+1=1(귀요미 아님)   208

078 공에 새겨진 이름이 미국 대통령으로부터 왔다고?   210

079 꿩 대신 닭, 초창기에 다른 종목의 공을 사용한 운동?   212

CHAPTER 7

한번 빠지면 시간 가는 줄 모르는 그것! 게임·영화·음악

080 화투패를 만들던 회사가 지금은?   216

081 '연쇄할인마'가 인기를 얻은 비결   218

082 세계에서 가장 오래된 보드게임 7가지   220

083 '돈 내고 뽑기'를 없앴더니 인기가 떡상했다?　　　223

084 영화 속의 책, 책 속의 영화　　　225

085 죽기 전에 봐야 할 명작 영화 67선 2탄　　　230

086 에일리언, 프레데터, 터미네이터에게 각각 한 번씩 죽은 배우가 있다?　　　232

087 알고 보면 더 재미있는 「듄」에 숨은 8가지 이야기　　　234

088 평소에 들어도 좋은 영화음악을 만든 작곡가 9명　　　237

089 클래식 공연 보러 갈 때 알아 두면 있어 보이는 꿀팁 6가지　　　240

090 무작위로 뽑아낸 음악에 대한 재미있는 사실 11가지　　　243

CHAPTER 8

이제 10년이면 강산 말고 세상이 바뀐다! 과학·기술

091 알고 보니 사실이 아니었던 엄마의 잔소리 6가지　　　248

092 세상에서 가장 높은 산은?　　　251

093 혜성에서 나는 냄새는 썩은 달걀 냄새?　　　253

094 담배에 들어 있는 니코틴이 주먹질을 날린다?　　　255

095 카공에 숨은 과학적 사실 : 카페에서 특히 공부가 잘되는 이유　　　257

096 이 유니폼을 입으면 스포츠에서 이길 확률이 높아진다?　　　259

097 거짓말 같지만 진짜인 과학적 사실 7가지　　　261

098 친환경으로 모기 퇴치하는 방법 5가지　　　264

099 MBTI는 누가 만들었을까?　　　267

100 몸에서 없어도 되는 장기 6가지　　　269

101 이게 말이 되냐고? 과학과 관련된 TMI 7가지　　　272

102 비싼 카메라로 레이저를 찍으면 고장 난다고?　　　275

103 그때는 맞고 지금은 틀린 것 6가지　　　277

CHAPTER 9

사나이 가슴을 울렁이게 하는 화제!
남자의 물건

104 듀…퐁! 소리가 나는 고급… 아니 불량품 라이터?   282

105 도대체 이 회사는 안 만드는 게 뭘까?   284

106 아식스라는 이름은 무슨 뜻?   286

107 WD-40이 미사일 때문에 탄생했다고?   288

108 파가니 차에 들어가는 볼트만 1억 원이 넘는다?   290

109 '매너가 사람을 만든다.'는 킹스맨의 물건들   292

110 근본 '삼선쓰레빠'는 역시 이 브랜드?   296

111 던힐, 담배야 명품이야?   298

112 시계로 '플렉스'가 싫다면 이 시계가 딱?   300

113 여름철 필수템인 선글라스를 만든 브랜드는?   302

114 독재자만 피울 수 있던 담배가 있다?   304

115 지금과 같은 안전벨트를 최초로 만든 회사는 어디일까?   306

116 '인트레치아토'가 도대체 뭔가요?   308

117 스피커가 아닌 예술 작품?   310

118 '겨터파크'를 폐장시켜 주는 환상의 아이템   312

119 모자 위의 야구팀 로고는 보석 브랜드가 처음 만들었다?   314

CHAPTER 10

인간사 화제에 질렸을 때 좋은 동물 이야기

120 개와 고양이가 앙숙처럼 보이는 이유   318

121 목이 길어서 슬픈 기린   320

122 머리가 없어도 18개월 동안 살 수 있는 동물은?   322

123 벌에게 쏘이지 않는 법과 안전하게 도망가는 법   324

124 고라니는 왜 한국에만 많을까?   328

125 티라노사우루스의 입에서는 '똥내'가 났다?   330

126 하마를 건드리면 X되는 이유   332

127 전 세계에서 사람을 많이 죽이는 동물 TOP 7   334

128 사람이 지구에서 없어지면 지배종이 될 동물은?   337

CHAPTER 1

모험심을 자극하는 화제!

미스터리

001 | 타이타닉호 침몰 : 소설가가 이 사고를 예측했다?

1898년 작가 모건 로버트슨이 『타이탄호의 침몰(Futility)』이라는 소설을 썼다. 초호화 여객선 타이탄호가 첫 항해에서 빙산에 충돌해 침몰한다는 내용이다. 엥, 이거 어디서 많이 보던 내용 아닌가? 바로 14년 뒤인 1912년에 발생한 타이타닉호의 침몰 사고 내용과 같다.

소설 속 여객선 타이탄호와 실제 타이타닉호는 이름만 다를 뿐 운명이 같았다는 거다. 호화 여객선이라는 점을 비롯해 첫 항해에서 일어난 사고, 같은 출발 항구, 북대서양에서 빙산 충돌로 인한 침몰 등이 매우 유사하다.

도대체 모건 로버트슨은 어떻게 이런 비극을 정확하게 예측했을까?

타이타닉호 침몰에서 살아남은 두 아이.
평생 쓸 운 다 썼다.

사고가 일어났을 당시, 로버트슨은 소설 속 타이탄호는 자신이 배에서 일하며 얻은 경험과 지식을 바탕으로 만들어진 것이라고 주장했지만 진실은 신만이 아는 법이다.

소설인 만큼 가상의 배인 타이탄호는 설정이 황

당하다. 소설 속 타이탄호는 진짜 타이타닉호보다 더 크고 빠르고 '절대 침몰하지 않는다.' 강한 부정은 긍정이라는데, 그래서 침몰한 게 아닐까? 영화나 드라마에서도 '절대'라는 말이 나오는 순간 이미 게임은 끝난 거다. 뭔 일이 일어나도 단단히 일어날 때 "그런 일은 절대 일어날 리 없어."라는 대사가 나온다.

타이타닉. 빙산에 부딪혀 현재는 바닷속에 잠들어 있다.

타이타닉호 사고 14년 전에 쓰인 이 소설이 타이타닉호의 승객과 승무원들에게 경고가 됐다면 타이타닉호는 실제로 침몰하지 않았을지도 모른다. 빙산의 위험성을 알아채고 그에 대비했을 테니 말이다. 하지만 원래 사람들은 경고 정도는 가뿐하게 무시하고 자기 하고 싶은 대로 하기 마련이고, 결국 타이타닉호는 빙산으로 인해 배가 두 동강 나는 최후를 맞이했다.

모건 로버트슨은 아마 타이타닉호 사고가 일어났을 때 이렇게 생각했을지도 모른다.

"그러니까 내가 빙산 조심하라고 했잖아."

메소포타미아 문명과 멕시코 문명, 인도네시아 문명에서 공통적으로 발견할 수 있는 모양이 있다. 바로 가방이다. 가방 그게 뭐 별거냐고? 별거 아니었으면 이 글을 쓰지도 않았다. 놀랍게도 거리가 멀리 떨어진 문명들에서 비슷한 모양을 한 가방이 발견된다.

메소포타미아 유적에서 발견할 수 있는 아눈나키 신들은 손에 가방 모양의 물체를 들고 있는 모습으로 묘사되며, 남미의 고대문명인 올메카와 마야 문명에서도 유사한 형태의 가방이 발견된다. 인도네시아에서도 앞의 문명들에서 발견된 것들과 비슷한 모양이 있는 돌이나 비석이 많이 발견되고 있다.

고대 아시리아의 석판. 독수리가 가방을 들고 있다.
왠지 에르메스 같은데?

세계의 고대 문명 속에서 자주 등장하는 가방은 도대체 무슨 의미일까? 이

가방의 의미에 대해서는 여러 해석이 존재한다. 일반적으로는 도구나 상징적인 물건, 혹은 제물을 담는 바구니일 가능성이 높다고 주장한다. 하지만 일부 음모론자들은 이 가방을 고대의 기술이나 지식을 담고 있는 상징적인 물체로 해석하며 외계 생명체와 연관 짓기도 한다. 외계인이 각각의 고대 문명에게 기술과 지식을 전수해 줬다는 것이다. 과연 정말로 외계인들이 지구인들을 도와준 걸까? 진실은 저 너머에 있다.

003 | 아직도 풀리지 않은 유명한 미스터리 9가지

뭐? 방구석에 박혀서 뒹굴뒹굴하려니까 심심하다고? 그런 여러분을 위해 역사학자와 과학자, 음모론자들도 풀지 못한 9가지 미스터리를 가져왔다. 짧은 내용에 흥미가 간다면 유튜브에 이 사건들과 관련된 수많은 영상이 올라와 있으니 참고해 보자.

댜틀로프 고개 사건(1959년)

러시아 우랄 산맥에서 10명 중 9명의 탐사대원이 알 수 없는 이유로 사망했다. (1명은 운 좋게도 몸이 아파서 등반에 참여하지 않았다.) 그들의 텐트는 안에서부터 찢어진 상태로 발견되었으며, 9구의 시신은 뼈가 부러지고, 눈과 혀가 사라지는 등의 기이한 부상을 입었다. 사람들은 이 사건의 원인에 대해 눈사태, 비밀 군사 실험, 초자연적인 현상 등 다양한 의견을 내놓았다. 데이터 분석을 통해 눈사태가 원인이었을 거라는 의견이 제시되고 있지만 아직 명확한 결론은 나오지 않았다.

타맘 슈드 사건(1948년)

호주에서 일어난 아주 유명한 미제 사건 중 하나다. 호주 소머튼 해변에서 신원이 확인되지 않은 남자가 원인 모를 이유로 사망해 시체로 발견되었다. 그의 주머니에는 페르시아어로 'Tamám Shud(종결됨)'라는 단어가 적힌 종잇조각이 있었는데, 이 단서도 사건 해결에 도움이 되지는 못했다. 국제적인 조사에도 불구하고 남자의 신원과 사망 원인은 여전히 미궁에 빠져 있다.

블랙 달리아 살인 사건(1947년)

과연 누가 엘리자베스 쇼트를 죽인 걸까?

배우 지망생 엘리자베스 쇼트는 로스앤젤레스에서 잔인하게 살해된 채 발견되었다. 시신은 끔찍하게 훼손된 상태였다. 대대적인 언론 보도와 수많은 수사에도 불구하고, 그녀를 죽인 살인자는 잡히지 않았다. 미국 역사상 아주 악명 높은 미제 사건 중 하나로 남아 있다.

USS 사이클롭스 실종 사건(1918년)

제1차 세계대전 때 309명의 승무원이 탄 대형 미 해군 화물선 USS 사이클롭스가 버뮤다 삼각지대에서 흔적도 없이 사라졌다. 광범위한 수색에도 불구하고 잔해나 생존자는 발견되지 않았다. 적군의 공격, 이상한 자기장 현상 등 다양한 추측이 있었지만 정확한 답을 찾지는 못했다. 그중 가장 설득력 있는 가설은 이 지역에서 분출한 메탄가스가 대기 중으로 빠져나가면서 배가 폭발했을 가능성이 있다는 것이다.

퉁구스카 사건(1908년)

러시아 시베리아의 숲 800제곱마일이 넘는 지역이 거대한 폭발로 인해 파괴되었다. 그런데 충돌 지점이나 분화구는 발견되지 않았다. 운석 폭발, 혜성, 외계인의 개입 등 다양한 이론이 있지만, 거대한 폭발의 원인은 명확하지 않다.

스코틀랜드 등대 미스터리(1900년)

영국 스코틀랜드의 고립된 플래넌제도의 등대에서 3명의 등대지기가 사라졌다. 그들의 일지에는 이상한 날씨 현상과 으스스한 분위기가 기록되어 있었다. 3명의 시신은 어디에서도 찾을 수 없었다.

메리 셀레스트호 사건(1872년)

1872년 대서양에서 표류 중인 미국 상선 메리 셀레스트호를 발견했다. 그런데 충격적이게도 발견 당시 승무원이나 승객의 흔적이 전혀 없었다. 당시 날씨도 잔잔했고 배에도 식량이 충분히 있었기 때문에 사람이 증발해 버린 이 사건은 미스터리로 남아 있다.

타오스 험

미국 뉴멕시코주의 타오스 주민들은 수십 년 동안 추적할 수 없는 저주파 소리를 들었다. 과학자들도 이 소리가 도대체 어디서 나는지 출처를 밝혀 내지 못했다.

초록색 아이들(12세기)

12세기 영국에서 초록색 피부를 가진 2명의 아이가 울핏이라는 마을에 나타났다고 전해진다. 그들은 알 수 없는 언어로 말했으며, 콩 이외에는 아무것도 먹지 않으려 했다.

004 | 악마의 성경, 코덱스 기가스

『코덱스 기가스』라는 책을 들어 봤는가? 세계에서 현존하는 가장 방대한 분량의 필사본 중 하나다. 이 책이 유명한 건 여러 이유가 있다. 먼저 이 책은 세상에서 가장 큰 책 중 하나로 그 무게만 거의 75kg에 달한다. 책의 크기도 세로 92cm, 가로 50cm, 두께 22cm로 어마어마하다.

이 책이 유명해진 이유는 또 있다. 바로 책 중간에 그려진 악마의 그림 때문이다. 『코덱스 기가스』는 한 수도사가 구약과 신약, 체코 연대기 등의 내용을 하룻밤에 적어 낸 책이라고 하는데, 평범한 인간이 해내기에는 도저히 불가능한 일이었기에 책을 옮겨 쓰는 데 악마의 도움을 받았고, 이를 알리기 위해 악마의 그림을 그려 넣었다는 전설이 내려온다.

『코덱스 기가스』의 필체를 처음부터 끝까지 대조해 보면 변화 없이 일정하게 적혀 있는데, 여러 날에 걸쳐서 옮겨 적었다면 절대로 불가능한 일이기 때문에 미스터리다. 책에 그려진 50cm 크기의 사탄은 괴상하게 웃고 있다. 그래서 이 책의 또 다른 이름은 '악마의 성경'이다.

이쯤 되면 슬슬 궁금해진다.

첫째, 악마의 그림이 들어간 건 진짜 악마의 도움을 받아서 썼다고 '인증샷'이라도 그려 놓은 걸까? 그렇다면 이 책은 악마가 자신의 존재

『코덱스 기가스』에 그려진 악마의 모습.
귀엽게 생겼네.

이 책을 짊어지고
운동을 해도 될 무게다.

를 사람들에게 알리기 위해 '셀카'를 넣은 책이라고 해도 될 듯하다.

둘째, 악마라고 해도 이렇게 방대한 양의 책을 쓰면서 중간에 잠깐 쉬고 싶지는 않았을까? 하다못해 화장실이라도 가야 했을 텐데 이걸 정말 한 번에 다 완성한 걸까? 설마 화장실에 한 번도 안 가진 않았겠지?

어쨌거나 『코덱스 기가스』라는 책에 대해 명확히 밝혀진 건 없다. 과연 진실이 무엇인지는 아무도 모르지만 이 책이 무겁고 크다는 것만큼은 확실한 사실이다. 무슨 내용이 적혀 있는지 궁금하다고? 이 책은 현재 온라인에서 디지털 버전으로 확인할 수 있다.

005 | 사막 한복판에 누가 이런 걸 세워 뒀어?

2020년 11월 미국 유타주의 사막에서 이상한 물건이 하나 발견되었다. 3~4m 높이의 금속성 기둥인데, 도저히 사막과는 어울리지 않는 물체였기 때문에 수많은 사람의 궁금증을 자아냈다. 더 놀라운 건 이후 미국의 캘리포니아주와 네바다주, 루마니아, 우크라이나 등 세계 각지에서 똑같은 형태의 물체가 계속 발견되었다가 사라졌다는 것이다.

사람들은 이 괴상한 기둥에 '모노리스'라는 이름을 붙여 주었다. 스탠리 큐브릭이 감독한 영화 「2001 : 스페이스 오디세이」에서 등장하는 정체불명의 검은 비석의 이름과 같다. (스포일러를 좀 하자면, 영화에서 모노리스는 인류의 중요한 발전 단계마다 등장하는데, 극 중에서 외계인이 인류 문명에 개입했다는 의미를 담고 있다.)

바로 이렇게 생겼다.
이걸 누가 가져다 놓은 거야?

현실에 등장한 모노리스를 누가 설치했는지 알 수 없었기 때문에 사람들은 여러 추측을 하기 시작했다. 어떤 사람은 예술 작품일 것이라고 추측했고, 몇몇 사람은 이 금속 기둥이 외계인이 지구를 감시하는 상징이라고 주장했다. 그 안에 뭐가 들어 있는지 총이나 대포를 쏘거나 분해해 봤으면 답을 알 수 있었을 텐데, 그러지 못해 아쉽다. 때로는 간단한 게 가장 뛰어난 해답이다.

006 | 아직까지 잡히지 않은 일본의 현금털이범

1968년 일본에서 일어난 3억 엔 도난 사건은 일본 역사상 가장 황당하고 신기한 강도 사건 중 하나다. 도둑이 경찰을 사칭해 거액의 돈을 훔쳐 간 이야기인데, 그 과정이 기묘해서 사람들의 입에 두고두고 오르내리고 있다. 물론 아직까지 범인은 잡히지 않았다.

이 사건의 범인은 평범한 좀도둑이 아니었다. 그는 우체국에서 은행으로 이송되는 3억 엔이라는 거액의 돈을 노리기로 마음먹었다. (2024년 기준으로 약 12억 엔, 한화로 120억 원 정도다. 어마어마한 금액이다.) 문제는 방법이었다. 누군가를 죽이거나 다치게 하는 건 싫었는지 범인은 기발한 방법을 생각해 냈다.

바로 경찰로 변장해 돈을 훔치는 천재적인 발상이었다. 일본인들은 경찰에 대한 신뢰가 매우 두터운데, 그 신뢰를 교묘하게 이용한 것이다. 계획은 매우 간단했다. 우선 경찰 제복을 입고 오토바이도 경찰 것과 비슷하게 도색했다. 그리고 변장한 채로 지나가는 현금 수송차를 세우고 폭탄이 설치되어 있으니 차를 조사해야 한다고 말했다.

현금 수송차를 몰던 운전사들은 순진하게 그 말을 그대로 믿었다. 현금 수송차 밑으로 들어간 범인은 연막탄을 터트리며 차에 불이 난 척 연기를 했고 운전사들이 패닉에 빠진 사이 현금 수송차를 그대로 훔쳐 달아났다.

어느 누구도 해치지 않고 돈을 훔친 범인은 그대로 세상에서 증발해 버렸다. 일본 경찰은 이 사건을 해결하기 위해 모든 자원을 동원했지만 도둑은 끝내 잡히지 않았으며, 지금까지 미제 사건으로 남아 있다. 여러 추측이 있지만, 결국 남은 건 흔적을 감추고 경찰을 따돌린 범인의 발자취뿐이다. 이쯤 되면 「타짜」에서 아귀가 한 대사가 생각난다.

3억 엔 사건 범인의 몽타주. 남장을 한 여자라는 '설'도 있다.

"크… 그 양반 갈 때도 아주 예술로 가는구면."

좀비는 현실에 존재하지 않고, 과학적으로도 존재가 불가능하다고
생각하는가? 뭐, 지금까지 밝혀진 사실이라면 그렇다. 하지만 미국에
서 발생한 한 사건의 전말을 보면 현실 세계에 좀비가 등장하는 것도
멀지 않았다는 생각이 든다.

2012년 5월 미국 플로리다주 마이애미의 한 고속도로 옆에서 상상

좀비가 진짜로 존재할 수도 있다.
이제 조만간이다.

할 수 없는 끔찍한 광경이 펼쳐
졌다. 사건의 주인공인 루디 유
진은 길거리를 나체로 돌아다니
다가 갑자기 한 노숙자를 공격하
기 시작했다. 피해자는 65세의
노숙자 로널드 포포였는데, 루디
유진이 물어뜯은 탓에 얼굴 피부
의 75%와 코가 아예 흔적도 없
이 사라져 버렸다. 좀비가 사람
을 공격하는 것처럼 루디 유진은
18분 동안 이 불쌍한 노숙자를
뜯어먹었고, 뒤이어 출동한 경찰
에 의해 사살당했다.

여기까지만 보면 좀비 영화 초반 도입부 같지 않은가? 많은 사람은 이 사건을 보면서 '좀비 아포칼립스'가 진짜로 시작된 게 아니냐는 이야기를 하기 시작했다. 혹은 좀비 바이러스가 아닌 루디 유진이 복용했던 마약의 일종인 '배

이 사건의 원인으로 지목되는 배스 솔트.
소금 같지만 소금 아니다.

스 솔트' 때문이라는 이야기도 돌았다. 하지만 그의 몸에서 검출된 건 배스 솔트가 아닌 대마초 성분이어서 결국 아직도 확실한 건 밝혀내지 못했다. 합성 약물과 대마초가 섞인 특정한 마약을 했기 때문에 이런 사고가 벌어졌을 거라는 추측만 할 뿐이다. 아, 다행히 좀비들은 더 생겨나지 않았다.

그나저나 진짜 좀비가 등장하면 어떻게 행동해야 하냐고? 미국 질병통제예방센터 CDC에서 '좀비 창궐'에 대비한 가상 준비 안내서를 만들어 배포했으니 이걸 참고하면 된다. (구글에서 'CDC Preparedness 101 : Zombie Pandemic'으로 검색하면 쉽게 찾을 수 있다.) 혹시나 모를 지구 멸망의 날에 어쩌면 이 내용이 우리를 구원해 줄 유일한 매뉴얼일 수도 있다. 좀비 바이러스 때문이 아니라고 하더라도 약물 때문에 '좀비 같은 사람들'이 생겨날 수도 있으니까….

간혹 자기가 시간 여행을 했다고 주장하는 사람들이 있다. 진짜일
까? 판단은 다음 목록을 읽은 후 여러분이 직접 하길 바란다.

존 티토

2036년의 미래에서 온 남성이라고 인터넷 커뮤니티에서 주장한 사
람이다. 그는 미국 군인으로 '유닉스 버그' 문제를 해결하기 위해 타임
머신을 타고 과거로 왔다고 했다. 그에 따르면 유닉스 버그는 2036년
세계가 봉착하게 되는 컴퓨터 대란이며 과거의 '밀레니엄 버그'보다 훨
씬 강력하다고 한다.

에드워드

2018년 에드워드라는 남자가 서기 5000년으로 여행했다고 주장하
며 증거로 사진을 제시했다. 그가 보여 준 사진은 바로 물에 잠긴 도시
모습이었다. 진짜일까?

샬롯 앤 모블리와 일리노어 주르당

1901년 2명의 영국 교사는 프랑스 베르사유 궁전을 방문했는데, 그
곳에서 1700년대의 옷을 입은 사람들과 그 시기에만 존재했던 건물들

을 보았다고 증언했다. 그중 한 명은 마리 앙투아네트가 잔디 위에서 스케치하는 모습을 보았다고 했다.

타우레드 맨

1954년 7월 일본 도쿄의 하네다 공항에 도착한 여행객 중에 수상한 사람이 있었다. 여권 심사 과정에서 당국은 그가 '타우레드'라는 존재하지 않는 나라 출신임을 확인했다. 당국은 타우레드 맨을 심문한 뒤, 호텔 중간

존재하지 않는 나라 타우레드.
과연 진짜일까?

층의 객실에 들여보내고 밖에서 문을 잠갔다. 그런데 다음날 나가고 들어올 방법이 없는 상황에서 타우레드 맨이 감쪽같이 사라졌다. 또 다른 곳으로 시간 여행을 떠난 걸까?

빅터 고다드

영국의 공군 대령이다. 1935년 그는 스코틀랜드의 한 비행장을 향해 날고 있었는데 문득 버려진 활주로에 비행기들이 가득 하고 작업복을 입은 정비공들이 훈련기를 정비하고 있는 모습을 보게 되었다. 4년이 지난 뒤 빅터는 자신이 보았던 모습이 미래의 모습이었음을 깨닫게 되었고, 자신이 잠시 미래로 시간 여행을 했음을 알게 되었다.

이상한 비행의 주인공인 빅터 고다드.
그는 정말 미래를 봤을까?

CHAPTER 2

어색한 분위기를 깰 때 좋은

황당한 이야기

009 | 이게 럭키비키인 거야?
완전 교통사고잖아!?

예전엔 보기 힘들었지만 지금은 흔하게 볼 수 있는 것? 여러 가지가 있겠지만, 이 글에서의 정답은 비키니다. 투피스 수영복으로 과감한 디자인을 자랑해 매력을 발산하는 비키니는 복장에 대한 인식이 많이 완화된 요즘 많은 사랑을 받고 있다.

다음은 비키니와 관련된 몇 가지 재미있는 사실들이다.

1

1940년대에 소개되었지만 비키니가 주류가 된 것은 1950년대가 되어서였다. 당시 사람들은 비키니가 노출이 심해서 매우 추하다고 생각했다. 하지만 (우리에게는 개고기 발언으로 유명한) 프랑스 여배우 브

원래 비키니는 추한 옷이었는데 지금은 제일 핫한 옷이다.

리지트 바르도가 꽃무늬 비키니를 입고 칸 영화제에 모습을 드러내면서부터 비키니가 대중화되기 시작했다.

2

성인잡지『플레이보이』가 모델들에게 비키니를 입힌 것은 1962년이었다. 덕분에 이 잡지의 모델들은 더욱 섹시해졌다.

3

지금까지 만들어진 비키니 중 가장 비싼 비키니는 디자이너 수잔 로젠이 디자인한 150캐럿짜리 다이아몬드 비키니다.

4

비키니가 공식 유니폼인 운동 종목도 있다. 바로 해변에서 하는 배구인 비치발리볼이다. 1993년 올림픽 위원회는 여성 비치발리볼의 공식 유니폼으로 비키니를 지정했다.

5

뉴욕의 디자이너 앤드류 슈나이더는 2011년에 태양열 비키니를 만들었다. 태양열 충전판이 비키니에 달려 있어 바닷가에서 태닝만 해도 전기를 만들 수 있는 아이템이다. 이걸로 '사랑의 배터리'라도 충전해야 하나?

6

비키니 때문에 일어난 황당한 교통사고가 있다. 2013년 미국 뉴욕주 로클랜드에서 한 커플이 자동

비키니 때문에 교통사고도 일어났다. 끈은 제발 안전한 곳에서 풀자.

차를 운전해서 집으로 돌아오고 있었다. 비키니를 입고 운전하던 여자의 비키니 끈을 남자친구가 장난으로 풀자, 운전자는 이를 막느라 운전에 집중하지 못해 도로 중앙의 가드레일을 들이받는 사고를 냈다. 이로 인해 비키니 끈을 풀던 남자친구는 사망했다.

관광지에서 다치거나 위급한 상황이 생기면? 외국에 나가서까지 엄마한테 전화하거나 카톡하려는 건 아니겠지?

다행히도 많은 유럽 나라는 112를 우리나라와 똑같이 공통 응급번호로 사용한다. 아프리카, 아시아, 아메리카 대륙의 몇몇 나라도 이 번호를 긴급 호출번호로 사용하고 있다. 응급번호가 112가 된 건 기억하기 쉽고 번호가 붙어 있어 응급 상황에서도 쉽게 전화번호를 입력할 수 있기 때문이다. 이런 이유로 유럽에서 먼저 112를 응급번호로 채택했고, 세계의 다른 나라들도 이를 받아들이게 되었다.

다음은 세계 각국의 응급번호이다. 해외여행에서 (쓸 일이 없다면 제일 좋겠지만) 유용하게 쓰일 날이 있을 수도 있다. 한국인이 많이 방문하는 여행지의 주요 응급번호는 다음과 같다.

한국 : 112(경찰), 119(소방/응급)

미국 : 911(경찰/소방/응급)

캐나다 : 911(경찰/소방/응급)

영국 : 999(경찰/소방/응급), 112(유럽 공통)

프랑스 : 112(유럽 공통), 15(응급), 17(경찰), 18(소방)

스페인 : 112(경찰/소방/응급)

알고 보면 112는 유럽 공통이다.
유럽의 영향을 받은 곳도 마찬가지다.

독일 : 112(소방/응급), 110(경찰)

호주 : 000(경찰/소방/응급), 112(국제 GSM 핸드폰)

일본 : 110(경찰), 119(소방/응급)

중국 : 110(경찰), 120(응급), 119(소방)

대만 : 110(경찰), 119(소방/응급)

홍콩 : 112, 999(경찰/소방/응급)

베트남 : 113(경찰), 114(소방), 115(응급)

태국 : 191(경찰), 1669(소방), 199(응급)

필리핀 : 117(경찰/소방/응급)

짐바브웨 : 112, 999(경찰/소방/응급)

011 | 방문을 때려 부수는 법

먼저 제목을 보고 놀란 사람들에게 심심한 사과를 표한다. ('심심해서' 사과하는 게 아니다. 만약 그렇게 읽었다면 당신의 문해력을 점검해 볼 시간이다.) 여기 쓰여 있는 내용을 실제로 써먹을 날은 살면서 하루나 이틀 정도 될까 말까다.

하지만 막상 급한 순간이 왔을 때 방문은 영화에서 보는 것처럼 멋지게 부수어지지 않는다. 문을 때려 부수는 것도 방법이 있다. 확실하게 알아 두면 좋긴 하겠지만 이 내용을 써먹어야 할 순간이 여러분에게 오지 않기를 간절히 빌며 그 노하우를 공개한다.

방문을 부수는 방법

문을 발로 차기 : 문고리의 주변을 발꿈치로 찍는다는 느낌으로 세게 찰 것. 군화같이 무거운 신발을 신고 차면 효과가 배가된다. 문고리는 발로 차지 않는다. 발로 차면 아프다.

샷건으로 부수기 : 문고리를 쏴서 부수면 문을 열 수 있다.

도구로 문 열기 : 제일 많이 사용되는 건 빠루와 소위 말하는 오함마다. 빠루는 잘만 쓰면 철로 된 현관문도 뜯어 버릴 수 있는 위력을 갖고 있고, 오함마는 힘을 실어서 문고리를 치면 한방에 부서진다.

배터링 램 : 미드나 영화에서 두꺼운 쇠몽둥이로 문을 부수는 걸 봤

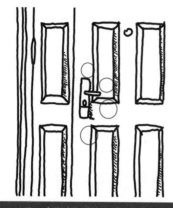

문고리 주변을 정확히 발꿈치로
힘을 실어서 찍으면 된다.
이 그림에 그려진 빨간 동그라미 부분이다.

이건 별로 도움이 안 된다.
이랬다가 안에서 문이라도 열면 민망하다.

을 텐데, 이게 배터링 램이다. 3초를 세고 이걸로 문 중앙을 한 번 내리
치면 마법처럼 열린다는 전설이 있다.

방문 부술 때 하면 안 되는 것

몸으로 부딪히기 : 마동석이 아닌 이상 불가능하다.

날라 차기 : 멋있어 보여도 문을 부수는 데에는 도움이 되지 않는다.
그리고 그대로 방바닥에 떨어지면 아프다.

잠긴 방문 앞에 무릎을 꿇거나 엎드려서 '열려라 참깨' 외치기 : 알리
바바도 그렇게는 안 하겠다.

영화 「에일리언」을 좋아하는가? 최근에도 영화가 개봉해 장수하는 영화 시리즈로 사랑받고 있다. 이 에일리언을 현실의 건물에서 찾아볼 수 있다면? 그 건물이 과거인 12세기에 지어졌다면? 진짜다. 이 이야기의 주인공은 12세기경에 지어진 수도원인 스코틀랜드의 페이즐리 애비다.

1997년 어느 날 관광객들이 페이즐리 애비 수도원의 석상 중에서

페이즐리 애비의 괴물 에일리언.
알고 보니 누가 장난친 거였다.

에일리언을 닮은 기괴한 석상을 하나 발견했다. 이 괴물 석상은 쉽게 눈에 띄지 않지만 누군가 줌이 잘되는 카메라를 가져와서 사진을 찍은 덕분에 이상한 석상이 있다는 게 금방 입소문을 타게 되었다.

어떻게 된 일이냐고? 사건의 전말을 파헤쳐 본 결과, 매우 황당한 사실이 드러났다. 1991년 페이즐리 애비 건물에 붕괴 위험이 있어 석상을 포함해 보수 공사를 했던 적이 있는데, 당시 보수 공사에 참여했던 석공 중 한 명이 「에일리언」 영화를 너무 좋아한 나머지 장난을 친 것이다. 원래 이 위치에는 위협적인 괴물 장식을 의미하는 '가고일' 석상이 존재했지만, 그걸 교묘하게 바꿔치기한 것이다.

013 | 칵테일은 칵테일인데 못 마시는 칵테일?

커피나 위스키, 와인처럼 한 잔 마시면 인생이 살맛나는 음료들이 있다. 그런데 이게 뭐지? 몰로토프 칵테일? 이름부터가 뭐가 좀 잘못됐다. 칵테일은 보통 시원하지만 이 칵테일은 이름만 봐도 열이 올라오는 느낌이다. 심지어 이 칵테일은 주방에서 만들 수는 있지만, 마시면 안 된다. 도대체 왜?

몰로토프 칵테일의 성분을 살펴보면 그 답을 찾을 수 있다. 마티니나 잭콕 같은 칵테일을 기대했다면 '크나큰 오산'이다. 몰로토프 칵테일은 보드카나 진이 아니라 서구권 국가에서 '화염병'을 일컫는 단어다. 휘발유와 식용유를 섞어서 유리병에 넣고 윗부분을 천 조각으로 막은 무기다. 이 칵테일로 파티를 하면 확실하게 불붙는 분위기를 만들 수는 있겠다. (참고로 이 조합에 고체 비누를 섞으면 화염의 효과가 더욱 강력하다.)

그렇다면 이 칵테일의 이름

팡팡 터지는 칵테일.
세상에서 가장 뜨거운 칵테일이다.

비누를 섞으면 효과가 배가된다.
먹지는 말고….

은 왜 '몰로토프'일까? 여기에는 재미있는 이야기가 있다. 이 이름은 구소련의 외교관 몰로토프의 이름에서 따왔다. 몰로토프의 환장할 만한 외교 때문에 이 칵테일이 탄생했다. 1931년 핀란드와 구소련 사이에 '겨울 전쟁'이 일어났는데, 이 전쟁 중 구소련이 핀란드에 떨어뜨린 폭탄을 몰로토프가 '식량 보급품'이라고 우겨대는 바람에 핀란드인들이 반격으로 이 칵테일을 만들었다는 웃지 못할 이야기가 전해진다. '폭탄이 식량 보급품이면 화염병은 칵테일이다.' 뭐 이런 논리인 거 같은데….

정리하자면 몰로토프 칵테일은 마시기보다는 던지기에 적합하다. 이름에 칵테일이 들어갔다고 휘발유와 고체 비누가 섞인 화염병을 원샷할 사람은 없을 거라고 본다. 이 정도면 칵테일 유사품이 아닌가 싶다. 절대로, 절대로 마시면 안 된다. 또한 우리나라에서는 '화염병 사용 등의 처벌에 관한 법률'에 의거해 만들거나 보관만 해도 처벌받으니까 판단은 알아서 하시라.

014 | 맞는 말을 해도 아무도 믿어 주지 않는다면?

하늘에 구름이 껴서 "비가 올 것 같아."라고 옆에 있는 친구에게 말했다고 가정해 보자. 친구는 내 말을 듣고 창밖을 쳐다보며 "비 안 올 것 같은데?"라고 말한다. 그러다가 비가 내리면 "어? 비 오네?"라며 깜짝 놀란다. 나는 분노가 천천히 치솟는다. 내가 체육대회 하는 날 날씨도 못 맞히는 기상청이 아닌데 내 말을 왜 안 믿는 걸까? 아니면 누가 뭘 물어봐서 대답해 줬는데 그게 아니라고 박박 우겨대는 상황을 마주한다면 짜증이 날 수밖에 없다.

놀랍게도 그리스 신화에서 가는 곳마다 이런 취급을 당한 사람이 있다. 바로 카산드라다. 그녀는 트로이의 마지막 왕 프리아모스와 왕비 헤카베 사이에서 태어난 공주로 뛰어난 예언 능력의 소유자였다. 아빠가 왕, 엄마가 왕비이니 부족한 것 없는 삶을 누린 건 당연한 사실이다. 하지만 정작 그녀의 삶은 그다지 행

그리스 신화에 등장하는 카산드라.
'양치기 소녀'로 불쌍한 삶을 살았다.

이 모든 게 태양의 신 아폴론 때문이다.
잔인한 신 같으니라고….

복하지 못했다. 바로 아무도 그의 말을 믿어 주지 않았기 때문이다.

뛰어난 미모 하나로 태양의 신 아폴론의 사랑을 받은 카산드라는 다소 무리한 요구를 했다. 아폴론이 예언의 신이기도 했던 터라 그에게 예언 능력을 달라고 한 것이다. 선 넘는 부탁이었지만 사랑에 눈이 먼 아폴론은 결국 그녀에게 예언 능력을 주었다. 하지만 카산드라는 미래를 보는 능력을 가진 뒤 불사의 신(참고로 그리스 신들은 모두 불사신이다. 이래야 신을 할 맛이 나지 않겠는가?) 아폴론과 생명이 짧은 인간인 자신의 차이를 깨닫고 아폴론의 사랑을 거절했다.

자신의 마음이 거절당하자 화가 난 아폴론은 카산드라에게 벌을 내렸다. 바로 그녀의 예언을 아무도 믿지 않게 만들어 버린 것이다. 그래서 '카산드라'라는 말은 '맞는 말을 해도 아무도 믿어 주지 않는 존재'를 뜻하게 되었으며, 보통은 불길한 표현으로 사용된다. 아무리 진실이어도 사람들이 믿지 않으면…. 여러분이 말했을 때 다른 사람들이 불길함은 느끼지 않으니 다행이라고 해야겠다.

중세 시대를 그린 영화에서 갑옷을 입은 기사들의 모습을 보며 뒤에 숨은 현실적인 이야기는 생각해 보지 않았을 거다. 딱 봐도 무거운 갑옷을 입고 어떻게 대소변을 처리했을지 궁금하지 않은가?

우리가 일반적으로 떠올리는 중세 시대의 서양 갑옷은 사진에서 보는 것과 같은 판금 갑옷이다. 시대에 따라서 그 모습도 변화해 왔고 여러 종류가 있지만 입고 벗는 절차가 복잡한 건 마찬가지다. 무게만 해도 30~50kg 정도였는데, 이렇게 무거운 갑옷이 발달한 것은 석궁 같은 강력한 무기들이 개발되면서 몸을 보호하기 위한 필요성이 강조됐기 때문이다. 중세 말기에는 아예 머리부터 발끝까지 착용자의 몸을 철저하게 보호해 주는 갑옷도 나왔다.

여기까지만 보면 전신이 철판으로 뒤덮인 갑옷을 상상하겠지만, 사실 그렇진 않다. 기사들은 갑옷을 입은 채로 말도 타야 했고, 걷기도 해야 했으니 연결 부위가 유연해야 했다. 그래서 당시의 갑옷들은 대부분 엉덩이와 사타구니 부

이런 갑옷은 멋지긴 하지만 매우 무겁다.

전투 중엔 갑옷을 입은 채로 지리는 경우도 있었다.
윽… 더러워….

분은 철판이 아닌 사슬로 가리고 그 밑에는 바지를 입었다. 그러니까 전투를 하지 않을 때는 사슬을 올리고 바지를 내리면 어찌저찌 용변을 볼 수 있었다.

하지만 완벽한 보호를 위해 진짜 철판으로 도배한 갑옷도 있었을 거고, 당연히 움직임은 더 불편했을 것이다. 이 경우에는 갑옷을 입기 전에 미리 화장실에 다녀오는 편이 더 많았다고 전해진다. 한마디로 전투 전 쉬는 시간에 볼일을 해결한 것이다. 하지만 마렵지 않다가 급박한 상황이 되면 갑자기 마려워지는 게 대소변 아니던가? 전투가 한참 벌어지고 있는 와중에는 어쩔 수 없이 갑옷을 입은 채로 (폼은 안 나지만) 그냥 지려야만 했다.

당시 기사들은 상류층이었고 대부분 하인을 두고 있었기 때문에 전투가 끝난 뒤에 하인들이 기사의 몸에 묻은 똥과 오줌을 구석구석 깨끗이 씻겨 주었다는 슬픈 이야기가 내려온다. 기사들이 그날 속이 안 좋아서 설사를 지리지 않았기를….

이번에는 황당한 이야기로 만날 사람 없는 여러분의 오후 혹은 밤 시간을 빼앗아야겠다. 재미있냐고? 읽어 보면 안다.

1

문을 열면 한쪽 방향으로만 돌아가는 문이 있다. 어떤 문은 비상 상황에 대비해 특정 방향으로만 열리도록 설계되어 있다. 이 문들은 반대로 돌리면 고장 난다.

2

세계에서 가장 많이 팔린 책은 약 60억 부가 판매된 『성경』이다. 2등은 약 9억 부가 판매된 중국의 『마오쩌둥 어록』, 3위는 이슬람교의 경전 『코란』이다.

3

미국의 영화 시상식인 아카데미 시상식을 대표하는 오스카상은 청동으로 만들고 순금으로 도금한다. 그런데 제2차 세계대전 때에는 전쟁에 쓸 금속이 부족해서 상을 나무로 만들었다.

4

말보로 담배 회사의 초대 회장은 폐암으로 사망했다. 애사심이 너무 깊었나 보다.

초대 회장이 폐암으로 사랑할 정도로 말보로에는 특별한 게 있나 보다.

5

나이키에서 옷과 신발을 만드는 개발도상국의 노동자들은 한 달 평균 20~30만 원을 받는다. 2017년 기준 노동자수가 대략 100만 명이라고 하니까 이들에게 주는 한 달 월급 규모만 3,000억 원이다. 마이클 조던이 시카고 불스와 워싱턴 위저즈에서 농구 선수로 활동하며 벌어들인 돈은 약 33억 달러[한화로 4조 3,464억 원(인플레이션을 감안한 수치)]이다. 한 달로 계산하면 대략 359억 원 정도. 10명의 마이클 조던이 100만 명의 나이키 직원과 비등한 셈이다.

6

111,111,111과 111,111,111을 곱하면 12,345,678,987,654,321이라는 결과가 나온다.

7

새우는 뇌, 심장, 위, 난소, 정소 등 중요한 내장기관들이 모두 머리 부분에 있다.

8

2024년 기준 전 세계 인구수는 약 81억 명이다. 반면 지구에서 인간이 가축으로 기르는 닭은 약 210억 마리로 대략 2.5배 정도 많다. 또한 지구에 존재하는 개미의 개체수는 2022년 기준 2경 마리로 추산된다. 이 정도면 인간의 지구가 아닌 닭과 개미의 지구다.

9

사람의 손톱은 발톱보다 빠르게 자란다. 궁금하면 손톱과 발톱을 깎는 주기를 떠올려 보면 된다. 손톱이 발톱보다 더 빨리 자라는 건 손을 더 많이 사용하기 때문이다.

10

『성경』에는 고양이가 등장하지 않는다. 반면 개는 42번이나 등장한다.

『성경』에 이 귀여운 고양이가
나오지 않는다니….

11

악어에게 물렸을 때 대처법은? 의외로 쉽다. 두 손가락을 V자로 만든 뒤, 악어의 눈을 '푸슉' 하고 찌르면 된다. 이 방법으로 호주에서 악어에게 물렸다가 살아난 아저씨도 있다. 혹시 악어에게 물릴지도 모르니 미리미리 연습해 두자. 참고로 사람에게도 이 방법을 써먹을 수 있다.

12

상처에 소금을 뿌리면 아프지만 파인애플에 소금을 뿌리는 건 괜찮다. 소금은 파인애플의 단맛은 증가시키고 신맛을 중화시키는 역할을 한다.

13

'얼굴에서 광채가 난다.'는 말은 과학적 사실이다. 맞다. 여러분의 몸에서는 진짜 빛이 나오고 있다. 다만 그 빛이 너무 약해서 인간의 눈으로는 볼 수 없을 뿐이다.

14

뉴욕에서 사람에게 물릴 확률이 바닷가에서 상어에게 물릴 확률보다 높다. 또한 뉴욕에서 쥐에게 물릴 확률보다 더 높다. 뉴욕은 과연 어떤 곳일까?

15

기린과 인간의 목뼈 개수는 같다. 사실 모든 포유류가 마찬가지다. 길이만 차이가 날 뿐이다.

16

여태까지 지구상에 존재했던 인간들 중에서 현재 지구에서 생존해 있는 인간의 비율은 고작 7%다. 81억 명인데 7%면 얼마나 많은 인간이 있었던 거지?

17

우주에서 별의 폭발이 일어난 후 무거운 별의 중력이 붕괴되어 만들어진 별을 중성자별이라고 한다. 이 별을 티스푼으로 한 번만 퍼도 이집트에 있는 커다란 피라미드 900개의 무게와 같다.

18

단두대가 뭔지 아는가? 프랑스 대혁명 시기에 귀족들의 목을 자르기 위해 만들어진 도구다. 이 도구는 「스타워즈」 영화가 개봉한 1977년까지 사형 집행에 사용되었다.

19

우주 은하에 위치한 별의 수보다 지구에 있는 나무의 수가 더 많다. 미 항공우주국은 1개의 은하에 1,000억~4,000억 개의 별이 있을 거라고 추산하는데 지구의 나무수는 3조 그루 정도라고 한다.

20

영화 「나홀로 집에」는 1990년에 개봉했다. 아폴로 우주선이 달에 착륙한 것은 1969년으로 21년 차이다. 반면 이 책이 나온 2025년과 1990년의 차이는 35년이다. 「나홀로 집에」가 현재보다 아폴로 우주선의 달 착륙에 더 가깝다니….

21

나무늘보는 돌고래보다 훨씬 더 길게 숨을 참을 수 있다. 심장박동이 느린 덕에 최대 40분까지 숨을 참을 수 있다고 한다.

017 | 싸움에 별로 도움 안 되는 황당한 무기 9가지

살다 보면 '이딴 걸 누가 만들었어?'라는 생각이 저절로 드는 것들이 있다. 예를 들어 투명한 화장실이라든가…. 물론 의도를 가지고 만들었겠지만 도움이 1도 안 되는 건 항상 있게 마련이다. 그게 전쟁에 들고 나가거나 1:1 싸움에서 사용할 무기라면 이야기는 더욱 더 심각해진다. 역시 옛날이야기로부터 교훈을 얻어야 인생을 지혜롭게 살 수 있지 않겠는가? 여러분은 이런 건 만들지 말라는 노파심에서, 큰 싸움이든 작은 싸움이든 별로 도움이 안 되는 황당한 무기를 준비했다.

구스타프 열차포

제2차 세계대전 때 히틀러는 프랑스를 손쉽게 침략하기 위해 프랑스의 '마지노선' 콘크리트 요새를 뚫을 수 있는 거대한 대포를 만들고자 했다. 무게 1,350톤, 4층 높이, 길이 155피트의 대포는 무려 무게 1만 파운드의 거대한 포탄을 발사할 수 있었다. 그런데 문제는 크기가 너무 커서 기차로만 운반할 수 있었고, 눈에 잘 띄어서 폭격당하기 쉬웠다. 결국 이 프로젝트는 '무쓸모'인 게 확정되어서 1년 만에 폐기되었다.

도끼 권총

도끼와 권총을 합친 무기로 18세기에 개발되었다. 권총에 도끼를 붙여 놔서 오히려 정확한 조준이 힘들었고, 도끼를 휘두르기에도 모양이 어색해서 손맛이 살지 않았다. 한마디로 '끔찍한 혼종'이다.

아파치 리볼버

권총과 너클, 칼을 섞어서 만든 무기다. 그런데 권총과 칼은 있으나 마나 한 수준이다. 칼은 너무 가늘어서 잘 부러지고, 권총은 방아쇠가 노출되어 수시로 발사되는 사고가 생겼다. 결국 이 무기는 박물관에 전시되어 있다.

야마토 전함

제2차 세계대전 때 일본이 만든 거대 전함이다. 하지만 만들어진 뒤 전투에 투입되자마자 미군의 항공모함에서 나온 비행기들에 의해 박살이 나 버렸다.

빌라르 페로사

총을 2개로 이어붙인 것 같은 독특한 모습을 한 이탈리아의 기관단총이다. 제1차 세계대전 때 이탈리아군에서 사용했다. 원래는 기관총으로 만들어져 분당 2,400~3,000발에 이르는 어마어마한 발사 속도를 자랑했지만 탄창에는 고작 25발밖에 들어가지 않았다. 쏘는 것보다 탄창 교체하는 시간이 더 오래 걸리겠다.

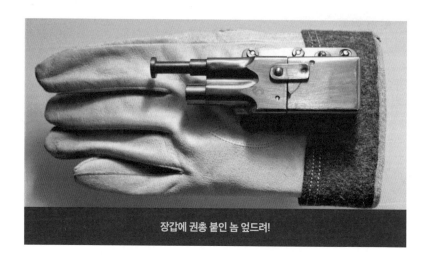
장갑에 권총 붙인 놈 엎드려!

장갑 권총

미국 CIA의 전신인 OSS에서 제2차 세계대전 때 사용했던 무기다. 장갑에 권총이 붙어 있고 주먹질을 하면 권총이 발사되는 형태였다. 근데 이거 끼고 굳이 주먹질을 해서 총을 발사할 필요가 있나? 그냥 총을 쏘면 되는걸.

마우스 탱크

제2차 세계대전 때 히틀러가 만들려고 했던 거대한 탱크다. 무려 포르쉐의 창립자인 페르디난드 포르쉐가 설계했다. 기름 1톤을 소비해도 몇 km 가는 게 고작인 기름 먹는 하마 수준이라 역사 속으로 사라졌다.

쌍절곤

무려 옆집 아저씨 선정 '실전에서 가장 쓸모없는 무기 1위'를 차지했

쌍절곤은 싸움에 아무 도움이 되지 않는다.
밀걸레 자루가 더 세다.

다. 써 본 사람은 알겠지만 돌리면 돌릴수록 전혀 실전에서 쓸모가 없다. 돌리다가 내가 맞아서 아프지나 않으면 다행이다. 쌍절곤은 이소룡에게 맡겨 두자.

크룸라우프 곡사총

제2차 세계대전 때 독일이 만든 총이다. 나치 독일은 벽 모서리나 적군이 보이지 않는 코너에서 총을 쏠 목적으로 총열이 휘어지는 곡사총을 만들었다. 하지만 조준이 힘들어서 결국 개발은 중단됐다. 쏘는데 안 맞는 총이라니….

2021년 어느 평화로운 아침, 영국 서식스주의 작은 은행에 선량한 이웃 아저씨 같은 한 남자가 들어왔다. 은행 직원들은 조금도 경계심을 품지 않았지만 그 남자로 인해 세상에서 가장 조용한 은행 강도 사건이 일어났다. 이게 무슨 일이냐고?

은퇴 후 여생을 보내던 67세의 앨런 슬래터리는 천천히 창구로 다가가서 주머니에서 종이 한 장을 꺼내서 내밀었다. 하지만 창구 직원은 그의 얼굴을 빤히 바라보기만 할 뿐 아무것도 하지 않았다.

그 종이에는 '내가 은행 강도이니 돈을 내놓으라.'는 내용의 메모가 적혀 있었는데, 도무지 알 아볼 수 없는 악필인데다 명확하지도 않고 은유적인 내용이었기 때문이다. 꼬물 꼬물 지렁이처럼 형편없이 쓰인 글자로 인해 직원들은 메모가 무슨 내용인지 파악 하는 데 실패했고 앨런에게 모르겠다는 표정을 지었다. 직원들의 미지근한 반응에

알아볼 수 있겠나? 내가 썼는데
나도 못 알아보겠다.

앨런 슬래터리는 '머쓱'해하며 은행을 떠났다.

하지만 직원들은 그가 떠난 후 얼마 지나지 않아 비로소 메모의 의미를 해석하는 데 성공했고, 은행 강도임을 인지하자마자 경찰에 신고했다. 결국 범행을 저지른 지 4개월 만에 그는 자택에서 '숨쉰' 채로 체포되었다.

비행기를 타러 갔는데 공항에 칠면조가 있다면? 자유의 나라 미국에서 이런 일이 있었다. 미국 KTVU의 기자 프랭크 서머빌이 비행기에 탑승하기 위해 검색대에서 줄을 기다리던 중에 한 마리의 칠면조가 검색대 주변을 어슬렁거리며 돌아다니고 있는 걸 봤다. 궁금증을 느낀 서머빌이 직업정신을 발휘해 취재한 결과, 이 칠면조는 한 여성의 '테라피 펫'으로 밝혀졌다.

테라피 펫은 정신적으로 불안정하거나 큰 충격을 겪은 사람들을 위로하고 도와주는 동물을 말한다. 미국에서 비행 공포를 겪거나 스트레스가 심한 승객들은 자신의 테라피 펫과 기내에 무료로 동승할 수 있다. 재미있는 건 테라피 펫의 종류에 제한이 없다는 점이다. 우리에게 널리 사랑받는 개와 고양이를 비롯해 이구아나, 뱀, 공작새, 칠면조, 앵무새, 금붕어, 오리, 거위, 라마, 거북

캥거루도 비행기에 탄다.
제발 사람에게 주먹질은 하지 않길….

이, 돼지, 심지어 캥거루까지 비행기에 태우는 사람들이 있다. 심지어 말을 데리고 타는 사람도 있다고(물론 일반적인 말의 크기가 아닌 작게 개량된 조랑말이다. 그럼에도 말을 이코노미석에 태우는 건…). 이 정도면 하늘 위의 동물농장인데? 부디 테라피 펫이 한국에 수입되지 않기를 빈다. 조용히 여행하고 싶으니까….

이탈리아 하면 생각나는 건? 콜로세움? 젤라토? 트레비 분수? 다 맞다. 여기에 피사의 사탑도 빼놓을 수 없다. 이탈리아 서부 토스카나주의 피사에 위치한, 포토스폿으로 사랑받는 이탈리아의 관광 명물이다.

피사의 사탑이 전 세계 관광객들을 끌어들이는 이유는 탑이 4도 넘게 한쪽으로 기울어져 있기 때문이다. 이쯤 되면 '어디 부실공사로 지

알고 보니 무른 땅에 세워서 기울어진 거였다.
괜히 쫄았다.

어서 그런 거 아냐?'라는 생각이 들지만 놀랍게도 이 탑은 처음부터 삐딱했다. 3층 정도 올리기 시작했을 때부터 이미 기울어졌는데 그 당시 건축가들은 원인을 알 수 없어 머리를 긁적이다가 그냥 내버려 두기로 했다. '설마 무너지겠어?'라는 마인드로 그 위에 그냥 탑을 올린 것도 어이가 없다.

결국 세월이 흐른 뒤 후대의 과학자들이 드디어 그 비밀을 밝혀냈다. 알고 보니 사탑이 세워진 곳이 단단한 땅이 아니라 말랑말랑한 젤리 같은 땅이었고, 그래서 탑이 점점 한쪽으로 주저앉은 것이다. 처음에는 세상 불안하던 삐딱함이 이제는 오히려 매력 포인트가 되었으니, 결과만 놓고 보면 '기울어져도 멋질 수 있다.'는 걸 보여 준 대표적인 성공 사례라고 할 수 있지 않을까?

021 | 미국 맥도날드 매장 수보다 독일의 ○이 더 숫자가 많다?

2024년 기준 미국에는 약 13,000개의 맥도날드 매장이 있다. 미국 사람들이 햄버거 없이는 못 산다는 걸 증명이라도 해 주는 숫자 같다. 우리나라에 있는 세븐일레븐 편의점 매장수가 2024년 기준 13,170개니까 대략 비슷하다. 미국 맥도날드나 한국 세븐일레븐이나 쉽게 찾아볼 수 있다.

그런데 독일에 있는 '이것'이 위에서 말한 가게들보다 그 수가 훨씬 더 많다. 무려 25,000여 개 정도다. 이게 뭐냐고? 바로 성이다. 다른 걸 떠올릴 사람들을 위해 돌을 쌓아 만든, 왕과 귀족들이 사는 그 성(castle)이라는 걸 확실하게 하고 넘어가야겠다. 세븐일레븐이나 맥도날드 매장보다 그 수가 많으니, 세계 어느 나라보다 많은 성을 가지고 있다고 할 수 있다.

성에서 나오는 성기사의 모습

그렇다면 독일에는 왜 이렇게 성이 많은 걸까? 중세 시대부터 외부의 침략을 막고 왕과 귀족의 거주를 위해 성을 짓기 시작했는데 이게 하나둘씩 쌓여서 현재에 이르렀다고 알려져 있다. 개중에는 유지와 보수비가 너무 많이 들어서 후손이 1유로(한화로 약 1,400원 정도)에 팔겠다고 하는 성도 있다. 어떻게, 저럼한 가격에 사서 유럽의 왕족이 한번 되어 볼 생각 없나?

내가 잘할 수 있는 걸 찾아 1등을 해도 좋다. 지금부터 자신이 가장 잘할 수 있는 걸로 사람들이 세운 기네스북 기록을 소개하겠다. 근데 이상하긴 좀 이상하다.

세계에서 가장 긴 손톱을 기른 사람

미국에 사는 리 레드몬드는 2009년 비극적인 교통사고로 인해 손을 잃을 때까지 한 쌍의 손에서 가장 긴 손톱 기록을 보유하고 있었다. 그 기록은 기네스 세계 기록 웹사이트에 언급되어 있다.

손톱을 기르면 지저분해 보이니까
제때제때 자릅시다.

135시간 동안 게임하는 게
가능할 줄은 꿈에도 몰랐다.

살면서 빅맥을 가장 많이 먹은 사람

미국 출신의 도널드 고스키는 2021년 50년 동안 32,000개 이상의 빅맥을 먹으며 빅맥을 가장 많이 먹은 세계 기록을 세웠다. 하루에 2개씩 꼬박꼬박 먹었는데, 빅맥을 안 먹은 날은 50년 동안 고작 8일이었다고….

가장 오랜 시간 동안 게임을 한 사람

호주의 오칸 카야는 135시간 동안 쉬지 않고 게임을 해 기네스 세계 기록을 세웠다. 프로게이머도 그렇게는 못하겠다.

제일 긴 시간 동안 그네를 탄 사람

영국 출신의 리처드 스콧은 그네를 타며 36시간 32분을 보낸 후 기네스 세계 기록을 올렸다. 화장실은 어떻게 가셨나요?

가장 멀리 세탁기를 던진 사람

스웨덴 출신의 요한 에스펜크로나는 주방 가전제품을 던지면서 힘을 과시하는 걸 좋아한다. 2022년 그는 혼자 세탁기를 4.45m 거리로 던져 버리면서 이름을 세상에 알렸다.

수염에 가장 많은 지팡이 사탕을 단 사람

미국의 조엘 스트라서는 자신의 수염에 187개나 되는 사탕 지팡이를 달았다. 이쯤 되면 수염이 아니고 크리스마스 트리 같은데? 뿐만 아니라 그는 포크, 젓가락, 연필 등을 수염에 단 것으로도 유명하다.

한 번에 가장 높은 높이의(?) 모자를 착용한 사람

호주의 앤서니 켈리는 모자광이다. 문제는 그가 그냥 모자를 좋아하는 게 아니라 한 번에 여러 개를 쓴다는 것에 있다. 19개나 되는 모자를 한 번에 겹쳐 써서 107.5cm의 높이를 달성했다.

023 │ 세계에서 가장 긴 책은? 세상에서 가장 짧은 소설은?

'세계에서 가장 긴 책은?'의 정답은 마르셀 프루스트가 쓴 『잃어버린 시간을 찾아서』이다. 현존하는 가장 긴 소설로 기네스 세계 기록을 보유 중이다. 이 책의 글자수는 총 900만 자가 넘는데 A4 용지로 약 4,500장 분량이다. 이거 다 읽으려면 3년은 꼬박 걸리겠는데?

『잃어버린 시간을 찾아서』가 길이로는 '넘버원'이지만, 다른 책들도 만만치 않은 길이를 자랑한다. 톨킨의 『반지의 제왕』은 원래 한 권이었으나 도저히 한 권으로 제본을 할 수 없어 세 권으로 나누었다.

또한 책의 분량뿐만 아니라 제목이 가장 긴 책도 있는데, 바로 대니얼 디포가 쓴 『로빈슨 크루소』다. 이 제목은 '정말 많이 줄인' 제목이고 원제는 따로 있다. 원제는

In Search Of Lost Time

Marcel Proust

세계에서 가장 긴 책, 『잃어버린 시간을 찾아서』. 읽다가 시간을 잃어버릴 분량이다.

『조난을 당해 모든 선원이 사망하고 자신은 아메리카 대륙 오리노코강 가까운 무인도 해변에서 28년 동안 홀로 살다가 마침내 기적적으로 해적선에 구출된 요크 출신 뱃사람 로빈슨 크루소가 그려 낸 자신의 생애와 기이하고도 놀라운 모험 이야기』다.

긴 책과 제목이 질색인 여러분에게 '세상에서 가장 짧은 소설'을 소개한다. 어니스트 헤밍웨이가 썼는데, 내용은 다음과 같다.

"아기 신발 팝니다. 단 한 번도 신지 않았음."

CHAPTER 3

지금은 맞고 그때는 틀리다!

전쟁·역사

세상에 무슨 일이 일어나는지 전부 알 수는 없다. 수천 년의 역사가 흘러오면서 중요한 것만 기억되고 덜 중요한 건 잊혔다. 하지만 중요한 것보다 덜 중요한 게 더 재미있다. 여러분도 시험 공부할 때 교과서나 참고서보다는 공부에 하등 도움 안 되는 만화책 읽는 걸 더 좋아하지 않았던가? 그래서 준비했다. 우리가 잘 몰랐던 역사 속 사실들. 무려 10개나 된다.

1

영화 「글래디에이터」 본 적 있는가? 검투사가 칼을 휘두르는 장면에 푹 빠진 사람이 많을 텐데, 왜 주인공이 여자가 아닐까라는 의문을 가진 사람도 있을 거다. 실제로 고대 로마제국 시기에는 여자 검투사도 존재했고, 그들을 부르는 호칭도 있었다.

2

1912~48년에 열린 올림픽 종목 중에는 문학, 건축, 조각, 회화 그리고 음악도 있었다. 달리기하면서 그림 그리고 시를 썼다면 인정이다.

3

홍콩 여행에서 오래된 건물을 구분하는 법은? 정답은 건물의 모서리 부분이다. 모서리 부분이 둥글게 되어 있으면 1950년대에 지어진 건물이다. 당시의 미적 기준이 그랬다고 하니 믿을 수밖에….

4

중세 유럽에서 양치를 하는 방법은 다양했다. 물로 입안을 헹구는 방법, 와인을 마신 뒤에 허브를 씹는 방법도 있었다. 그중에서 압권은 숯으로 만든 치약을 썼다는 거다. 아니, 이빨이 검은색이 되는데 사용했다고? 당시 미적

숯으로 치약을 만들었다고?
제정신인가요?

기준이 검은색 치아였다면 이해가 간다만….

5

영국을 해가 지지 않는 나라로 만들었던 엘리자베스 1세는 단것을 너무 좋아해서 결국 엄청난 치통을 얻었다. 치아가 안 좋다 보니 발음도 제대로 못했고, 그 때문에 사람들은 그녀가 무슨 말을 하는지 하나도 알아들을 수 없었다. 말도 제대로 못하는 사람이 되기 싫으면 단것 줄이고 치과에 제때 갑시다.

6

로마의 황제 칼리굴라는 자신의 애마를 종교 사제로 임명하려 했다. 오늘날로 따지면 대통령이 자기가 키우는 소를 추기경 시키려는 꼴이다. 그 시대에 말로 태어났으면 잘하면 부귀영화를 누렸을 텐데….

7

미국 대공황 시기에 사람들은 옷을 살 돈이 없어서 밀가루 포장지, 감자 포대 같은 소재로 옷을 만들어 입었다. 웃기다고? 우리나라에도 경제 위기가 닥치면 여러분도 이렇게 해야 할지 모르니 미리미리 예습해 두자.

8

영국 옥스퍼드대학교와 남미의 아즈텍 제국, 둘 중에 더 오래된 건? 정답은 옥스퍼드대학교다. 옥스퍼드대학교는 1096년에 개교했고, 아즈텍 제국은 1325년에 시작된 걸로 알려졌다. 정확히 229년이 앞선다. 멸망했다고 더 오래돼 보인 건 기분 탓이었다.

9

제2차 세계대전이 연합군의 승리로 끝나자 구소련은 축제 분위기에 빠졌다. 너무나도 즐겼던 나머지 그들은 쉬지 않고 축배를 들었고, 정확히 22시간 뒤 구소련에 있던 모든 보드카가 동나는 사태가 발생했다. 도대체 얼마나 마신 거야? 그런데 세계보건기구(WHO)에서 발표한 보고서에 따르면 러시아에서는 2013년까지 맥주를 술로 분류하지 않았다. 역시 보드카 정도는 되어야 술이지.

10

18세기 영국에서는 파인애플이 사회적 지위의 상징이었다. 당시 영국 사람들은 누가 길거리에서 파인애플을 들고 다니기만 해도 '저 사람 잘나가네.'라고 생각했다고 한다. 그래서 당시의 의복이나 인테리어가 파인애플로

파인애플은 부자의 상징이었다.
모자로 만들어서 쓰고 다녀라. 꼭!

도배되어 있는 걸 쉽게 볼 수 있다. 부자처럼 보이고 싶으면 파인애플을 들고 길거리로 나가면 된다.

025 | 미남으로 소문난 조선의 남자들

혹시 한국사 공부가 지루한가? 몇 년도에 무슨 사건이 일어났다는 사실만 주구장창 외우니까 재미가 없다. 자고로 역사는 인물들의 이야기를 중심으로 공부해야 재미있는 법이다. 그런 의미에서 '존잘'로 소문난 조선의 남자들을 준비했다.

효명세자(순조의 맏아들)

세자는 이마가 솟은 귀한 상으로 용의 눈동자에 용모가 빼어나고 아름다웠다. -『순조실록』

헌종(조선의 제24대 왕)

외모가 준수하고 명랑하며 큰 목소리가 마치 금석(金石)에서 나오는 것 같다. -『헌종실록』

연산군(조선의 제10대 왕)

• 지방에서 시위군으로 한양에 올라왔던 사람이 "지금 임금인 연산군은 허리와 몸이 가늘어서 위엄이 없다."고 뒷말을 했다가 의금부에 잡혀갔다. -『연산군일기』
• 100세가 넘은 노인이 13세 때 본 연산군이 얼굴이 희고 마른 체

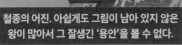
철종의 어진. 아쉽게도 그림이 남아 있지 않은 왕이 많아서 그 잘생긴 '용안'을 볼 수 없다.

이우왕자. 미남이지?

형에 키가 컸으며 눈가가 붉었다고 했다. -『인조실록』

• 낯빛은 희고 수염은 적으며 백옥 같은 피부에 키가 크고 눈에는 붉은 기운이 있었다. - 이덕형,『죽창한화』

조광조(성종과 중종 시기 문신)

세수하다 물에 비친 자신의 얼굴을 보며 "이것이 어찌 남자의 얼굴이란 말이냐."라며 한탄했다고 한다. - 유몽인,『어우야담』

정조(조선의 제22대 왕)

세손은 타고난 용모가 매우 탁월하니 이는 국가의 무궁한 복이다. -『영조실록』

정약용과 정약전(조선 후기의 문신이자 실학자)

정약전의 준결한 풍채가 정약용의 아름다운 자태보다 낫다. -『정조
실록』

홍국영(조선의 세도 정치가)

저 잘생긴 얼굴로 내 아들 정조를 홀린 것이 분명하다. - 혜경궁 홍
씨,『한중록』

이우(조선의 마지막 왕자)

유일하게 사진으로 확인할 수 있는 인물이다. 긴 말이 필요 없다.

'혐성국'이라는 단어가 무슨 뜻인지 아는가? '혐오스러운 인성을 가진 나라'의 줄임말이다. 요즘 속어로 '인성이 터졌다.'와 동일한 의미인데, 이 비하적인 표현의 주인공은 바로 영국이다. 오죽하면 '세계사에서 이상한 일이 일어났을 때 주범으로 이놈을 찍으면 대충 맞는다.'는 밈이 나돌까? 역사 속에 기록된 영국의 만행을 보고 있자면 사탄도 '아, 이건 좀….'을 외치고 도망갈 것 같다.

아편전쟁

청나라에서 마약 단속 나와서 아편을 압수했다고 전쟁을 일으켰다면? 덕분에 수많은 중국인이 아편의 구렁텅이에 빠졌다.

벵골 대기근

지금의 방글라데시에서 고의적으로 식량 부족 사태를 일으켜 700만 명이 굶어 죽었다. 참고로 독일이 학살한 유대인은 600만 명이다.

제2차 보어전쟁 당시 포로수용소

극악무도함으로 유명했던 아우슈비츠 수용소는 영국의 포로수용소를 모델로 만들어졌다.

아일랜드 대기근

영국의 가혹한 수탈로 아일랜드 인구의 1/4인 200만 명이 굶어 죽었다. 아일랜드에 대기근이 들이닥쳤을 때 영국은 감자를 빼돌려 자기들만 먹었다. 심지어 유럽 각국에서 아일랜드를 도와주겠다고 했는데도 그 지원 물자까지 막아 버렸다. 악마 그 자체다.

아프리카 분할

19세기 말에 영국과 프랑스가 현지 상황을 고려하지 않고 아무렇게나 국경선을 그어 버리는 바람에 아프리카는 지금도 민족 간 분쟁이 끊이지 않는 지옥의 대륙이 되었다.

쿠르드족 대학살

영국으로부터 독립을 요구하는 쿠르드족 수십만 명을 학살했다. 심심하면 사람을 죽이나?

영국인들은 일단 어딘가를 가면 총을 들이밀고 봤다.

인도-파키스탄 분쟁

원래 같은 나라였던 인도와 파키스탄을 두 나라로 갈라서 분쟁을 만든 게 영국이다. 덕분에 두 나라는 20세기 최대 규모의 분단국가가 되어 버렸고 쉴 새 없이 싸우고 있다.

그렇다. 이 국기는 사실 업보의 상징인 셈이다.

드레스덴 폭격

제2차 세계대전 당시 독일의 도시 드레스덴을 폭격했다. 전쟁 중이라서 뭐가 문제냐고 할 수도 있겠지만, 군인들뿐만 아니라 민간인들도 무차별적으로 죽였다.

이번 이야기는 좀 슬프고 어두운 이야기다. 바로 마약 이야기, 그중에서도 악명 높은 펜타닐과 관련된 이야기다. 벨기에의 제약회사 얀센에서 개발한 약으로 원래 말기 암환자에게 사용하는 진통제였는데 현재는 마약으로 사용된다. 세계 최강대국인 미국도 펜타닐 때문에 망하는 게 아니냐는 말이 나오는 상황이다.

그런데 미국이 이렇게 펜타닐로 범벅된 건 업보 때문이라는 사실을 알고 있는가? 바로 서구 열강들과 중국이 대립했던 아편전쟁이다. 이 전쟁이 어떻게 일어났는지 알게 된다면 현재의 상황을 이해하기 좀 더 쉬워진다.

아편전쟁

19세기 중반 영국은 인도에서 만들어진 아편을 청나라에 거하게 뿌려댔다. 덕분에 청나라 사람들은 인도산 아편에 취해 널브러진 나날을 보냈다. 청나라 정부는 아편을 압수해 폐기하는 등의

아편전쟁의 업보가 돌아오고 있다.
원한 살 일은 자제하자.

조치로 문제를 해결하려 했지만 이게 불씨가 되어 '아편전쟁'이 일어났다. 청나라는 최신식 무기를 가진 영국에게 졌고, 서구 열강들과 불평등 조약을 체결하면서 수탈당했다.

펜타닐

시간을 되돌려서 현대로 넘어와 보자. 중국 공산당은 아편전쟁의 교훈을 바탕으로 '펜타닐'을 사용해 새로운 전술을 펼치기 시작했다. 바로 자신들이 당한 그대로 마약을 뿌려서 서구 열강을 고통에 빠뜨리겠다는 것이다.

펜타닐은 미국 전역에 널리 퍼지며 미국 사회를 갉아먹고 있는

펜타닐은 패치 형태로 만들어져서 사용된다.

데, 아이러니하게도 미국 내에서 소비되는 대부분의 펜타닐이 중국에서 온다. 화학물질이라서 만드는 데 비용도 얼마 들지 않고, 손쉽게 미국을 망하게 하는 셈이다. 참고로 2023년 기준 미국의 18~45세 사망원인 1위가 펜타닐이다.

아편전쟁을 일으킨 건 영국인데 왜 미국이 피해를 받느냐고? 영국도 예외는 아니다. 영국에는 펜타닐보다 40배 강력한 '니타젠'이라는 신종 마약이 판을 치고 있다. 그리고 미국도 아편전쟁 당시 서구 열강중 하나로 참전해 중국을 찢어 놓은 나라 중 하나다. 역시 역사는 돌고돈다.

028 | 세계사 속 매국노 8명

나라를 팔아먹는 게 쉬운 일은 아니다만, 역사 속에서 국가의 이익보다 자신의 이익을 먼저 챙긴 놈들은 꼭 있다. 머릿속에 이완용밖에 안 떠오른다고? 매국노와 관련된 여러분의 지식 폭을 넓히기 위해 역사 속에서 나라를 팔아먹은 걸로 유명해진 8명의 인물을 소개한다.

알키비아데스

미남에 귀족이었던 그는 정적들의 모함 때문에 모국을 버리고 적국인 스파르타로 망명했다. 그는 고대 그리스 아테네의 장군으로 귀중한 정보를 무척 많이 가지고 있었고, 스파르타가 이를 탐낸 건 당연한 일이다. 그는 스파르타로 망명하면서 아테네 군대와 관련된 정보들을

알키비아데스. 뒤통수 잘 치게 생겨 보이는 건 기분 탓인가?

모두 넘겼다. 이로 인해 기원전 413년에 아테네의 함대는 스파르타의 동맹이었던 시라쿠사를 공격했다가 참패를 당했다.

에드워드 8세(윈저공)

제2차 세계대전에서 자기 나라인 영국이 연합군으로 참전해 나치 독일과 싸우는 와중에도 독일과 우호적인 관계를 유지했으며, 영국의 군사기밀을 독일에게 누설하기까지 했다. 결국 그와 그의 부인은 프랑스로 쫓겨나 죽을 때까지 그곳에서 살았으며 다시 영국에 발을 붙이지 못했다. '옷 잘 입는 귀족'으로 소문났는데 옷을 잘 입으면 뭐하나? 애국심이 바닥인걸.

로버트 한센

1976년부터 2001년까지 미국 FBI의 방첩 책임자로 근무하면서 구소련 스파이로 일했다. 그가 구소련에 팔아넘긴 기밀의 값은 140만 달러와 다이아몬드였는데, 기밀 내용에 비하면 푼돈이었다. 그가 넘긴 기밀 내용은 총 6,000여 페이지에 달했으며 미국의 구소련 위성 감청, 미국이 포섭한 구소련 요원 명단, 구소련 핵 공격 시 미국의 대응 방안 등 중요한 정보가 엄청나게 많았다.

윤덕영

매국노 하면 이완용이지만, 다른 매국노도 있다. 윤덕영도 을사오적에 이어 1910년 한일병합조약 체결에 찬성한 경술국적 중 한 명이다. 그는 순종의 비 순정효황후의 큰아버지였는데, 조카인 황후가 나라를 지키기 위해 국새를 몰래 숨기자 국새를 빼앗아 한일병합조약에 도장을 찍는 데 일조했다.

무함마드 무르시

이집트의 전 대통령으로 나라의 국가기밀과 군사정보 등을 카타르 정부와 팔레스타인의 하마스, 헤즈볼라 등에게 유출시켰다. 그리고 독재로 민주주의 국가였던 이집트를 자기 소유로 만들려고 했다. 이 문제로 구속되어 재판을 받으면서 감옥에 있었는데 2019년 심장마비로 사망했다.

안타나스 스녜츠쿠스

리투아니아 출신으로 리투아니아 공산당 제1서기를 맡았다. 1940년 6월 구소련이 리투아니아를 침공, 점령한 뒤 모국을 구소련에 합병시키는 것을 도왔다. 한마디로 구소련에 나라를 팔아먹은 셈이다. 자기 친척도 죽게 만들 정도로 독한 놈이어서 그의 어머니가 "아들이 죽었으면 좋겠다."는 말을 할 정도였다. 좀 센데?

필리프 페텡

제2차 세계대전 때 나치 독일에 프랑스를 넘긴 비시 정권의 국가원수다. 그래도 제1차 세계대전 때 프랑스를 승리로 이끈 장군이었기 때문에 사형은 면했으나 감옥에 갇혀 최후를 맞이했다. 1940~44년에 세워진 비시 정권은 '괴뢰 정부'라는 오명을 남겼다.

말린체

남미 원주민들을 학살한 에르난 코르테즈와 스페인 군대에 힘을 실어 준 여자다. 그녀의 도움이 있었기에 코르테즈는 소수의 병력으로 거대한 제국을 정벌할 수 있었다. 그들이 아즈텍을 제압할 수 있었던

말린체와 그녀의 연인 정복자 코르테즈.
그녀는 조국을 배신하고 사랑을 선택했다.

것은 그녀를 통해 아즈텍에 저항하는 부족들과 소통해 이들을 동맹으로 만들었기 때문이다.

외모에 대해 관심이 많은 남자를 보면 무슨 생각이 드는가? 여성스러워 보인다고? 천만의 말씀. 역사 속 상남자들은 의외로 모두 외모에 관심이 많았다. 대표적인 예가 북유럽의 바이킹이다. 바이킹 하면 뿔 달린 헬멧을 쓰고 큰 도끼를 휘두르는 상남자들이 생각나는데, 사실 그들은 외모에 엄청 신경 썼다. 금발이 최고라며 머리와 수염을 염색하는 데 진심이었다. 게다가 바이킹들은 다른 사람들에 비해 적어도 4배나 자주 씻었다.

조선시대 남자들도 마찬가지였다. 지금은 남자가 귀고리를 하는 게

바이킹의 금발은 관리한 것이었다.
안 하는 척하면서 다했구먼?

일반적이지 않지만 조선 중기까지 취향에 따라 귀고리를 착용하기도 했다. 『세종실록』에는 "사대부 자손의 귀고리는 부득이 통용되는 물건이니 그것을 제외하고 민간의 사사로운 매매를 제한해 달라."는 내용도 있다.

심지어 석기시대 남자들도 빗을 사용하고 면도를 했으며, 고대 이집트인들은 사회적 지위를 자랑하기 위해 일부러 '빡빡이'로 머리를 밀고 다녔다는 이야기도 전해진다. 이 정도면 꾸미는 게 더 상남자같이 보이는데? 남자가 뭐 그런 걸 하냐고 귀찮아하지 말고 자기 자신을 열심히 가꿔야겠다.

읽다 보면 어이를 상실하게 되는 역사 속 이야기들이 있다. 진짜냐고? 읽어 보면 안다.

1

1849년 미국에서는 '윈슬로 부인의 진정 시럽'이라는 유아용 약이 판매되기 시작했다. 아이들을 위한 약이었지만 약의 주 성분은 아편과 모르핀이었고, 결국 이 약을 먹은 아이들은 사망했다.

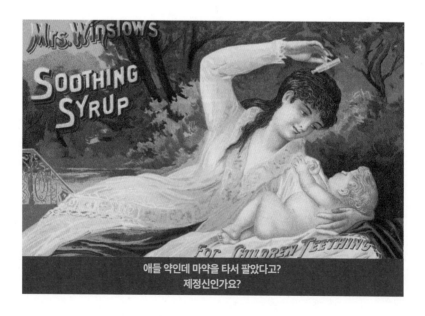

애들 약인데 마약을 타서 팔았다고?
제정신인가요?

2

이스라엘이 1948년에 건국되었을 때 초대 대통령 자리를 제안받은 사람 중 하나가 알버트 아인슈타인이다.

3

영국의 왕 헨리 8세는 자신의 똥 상태를 확인하고(!), 배변 활동을 관리하며(!!), 배변 후 엉덩이를 닦아 주는(!!!) 4명의 남자를 고용했다. 그들은 이후 모두 기사 작위를 받았다. 똥 묻은 휴지 말고 칼과 방패를 들어야 기사 아닌가?

4

영국과 네덜란드는 335년 동안 전쟁을 했는데, 이 전쟁 기간 동안 단 1명의 사상자도 발생하지 않았다.

5

역사상 첫 교통사고는? 1895년 미국 오하이오주에서 일어났다. 당시 오하이오주에는 차가 2대뿐이었는데, 그 차들이 서로 부딪쳐 교통사고가 났다.

6

공산주의의 창시자로 유명한 칼 마르크스의 후손은 유튜브에 파쿠르 영상을 올리며 살고 있다. 'Exclamation Marx'로 검색해 보라.

7

냉전 시기, 미국은 구소련에 'Medium'이라는 라벨이 붙은 XL 사이즈의 콘돔을 떨어뜨려서 자신들의 '소시지'가 러시아인들보다 훨씬 더 크다는 걸 자랑하려 했다.

8

고대 로마인들은 자고 있는 사람의 손에 샌들을 신기고 그들의 얼굴을 간질여서 스스로 뺨을 때리게 했다. 짝! 소리가 날 것 같다.

9

스파르타인들은 어느 누구도 감히 자신들을 공격하지 못할 것이라 생각해 도시 성벽을 세우지 않았다. 그런데 인구가 줄어들면서 나라를 지킬 사람이 부족해지자 결국 망했다. 엥? 이거 출산율 0.7인 나라에서 새겨들어야 할 이야기가 아닌가.

10

제2차 세계대전 때 영국이 베를린에 처음으로 투하한 폭탄에 코끼리 한 마리가 사망했다. 인명 피해는 0이었다.

전쟁 중에 사망한
코끼리의 명복을 빕니다.

031 | 비호감인 사람을
유식하게 표현하면?

비호감인 사람은 어딜 가나 존재한다. 배달의민족이나 쿠팡이츠에서 이유 없이 별점 1점을 줘서 가게 주인을 골탕 먹이는 사람들 말이다. 우린 이걸 진상이라고 한다.

외교 분야에서는 진상인 사람을 '페르소나 논 그라타(persona non

옛날에도 페르소나 논 그라타가 존재했다면,
전쟁을 일으킨 나폴레옹은 바로 기피 대상이다.

grata)'라고 한다. 라틴어로 '환영받지 못하는 사람'이라는 이 단어는 외교 관계를 맺고 있는 나라에 파견된 외교관의 비상식적인 행동 혹은 결례로 인해 그 사람을 '비우호적 인물' 또는 '기피인물'로 선언하는 것이다. 국가 간에 스파이 행동을 하는 사람들에게도 적용된다. 최근의 페르소나 논 그라타 사례로는 2022년 러시아-우크라이나 전쟁 발발 이후 미국과 일본 등지에서 러시아 외교관들이 추방당한 일을 들 수 있다.

1961년 성립된 비엔나 협약에 따라 모든 나라는 어느 때나 이유를 설명하지 않고 자국에 파견된 다른 나라의 외교관들에게 페르소나 논 그라타를 선언할 수 있다. 그 즉시 외교관들은 본국으로 돌아가야 한다. 만일 외교관이 소속된 나라에서 적정 시점까지 그 외교관을 불러들이지 않으면 사고를 쳐도 법적인 책임을 면제해 주는 면책특권이 박탈된다. 앞으로는 별점 테러 피플들을 있어 보이게 '페르소나 논 그라타'라고 표현해 보자.

고문도 이런 고문이 없다. 개인적으로 아무것도 하지 않고 가만히 있는 게 최악의 고문이라고 생각하지만 역사 속 인물들은 달랐던 것 같다. 그들은 도대체 사람을 어떻게 괴롭혔을까? 그래서 준비했다. 옛날 사람들이 직접 고안한 고통스럽고 잔인한 8가지 고문 방법이다. 직장 상사가 싫어도 다음과 같은 방법은 절대로 사용하면 안 된다.

팔라리스의 황소

기원전 6세기경 지금의 이탈리아 시칠리아 지역에 존재했다고 전해지는 화형 기구다. 실물 크기로 만들어진 청동 황소 안에 사람을 넣고 밑에다가 뜨끈뜨끈하게 불을 넣어 주면 안에 있는 사람이 '구와아악' 비명을 지르며 황소 소리를 냈다고 한다. 사람을 짐승으로 만드는 형벌이다.

아이언 메이든

직역하자면 '철의 처녀'라는 뜻으로, 관 안쪽에 쇠못을 촘촘히 박아 넣은 형태의 고문 기구다. 이 안에 희생자를 넣은 뒤 천천히 뚜껑을 닫으면 관 안에서 '관짝소년단'이 되는 마법을 경험할 수 있다. 일부러 기구를 이렇게 만들어 희생자의 육체와 정신의 고통을 극대화했다.

유다의 의자

돈을 받고 예수를 팔아넘긴 가룟 유다의 이름에서 따온 의자다. 중세 스페인에서 만들어진 고문 도구로 의자는 의자인데 뾰족한 피라미드 형태다. 의자를 천장에 매달아 놓은 사람의 밑에 두고 앉힌 후에… 이하는 생략하겠다.

유다의 의자. 막힌 항문을 뚫어 주는(?) 시원하고(??) 짜릿한(???) 의자다.

고통의 배

아프거나 타는 배 말고 먹는 배다. 사람의 입에 넣은 다음 손잡이를 돌리는 간단한 방식으로 작동하는데 이렇게 하면 점점 더 벌어져서 끔찍한 고문을 선사한다. '만든 놈도 제정신은 아니겠구나.'라는 생각이 든다.

중국식 물고문

중국이라는 글자가 붙으니까 '짝퉁' 같다고? 걱정 마라. 이번 건 간단하지만 효과가 확실하다. 사람을 묶어서 눕혀 두고 그 위에 물을 한 방울씩 떨어트린다. 하루만 지나면 알아서 미치게 되어 있다. 놀랍게도 15세기 이탈리아의 학자 히폴리투스 데 마르실리스가 쓴 글에도 이와 유사한 고문 방법이 있다.

물 한 방울이 고문의 시작이 될 수도 있다.
이마에 떨어지면 고통스럽다.

고문 바퀴

중세 시대에 주로 쓰던 고문 도구다. 고문당하는 사람의 팔다리를 우선 두들겨 팬다. 이렇게 해서 팔다리가 부러지면 너덜너덜해진 사지를 배배 꼬듯이 바퀴에 묶어서 사람들이 많이 다니는 곳에 전시했다. 이게 무슨 사냥 트로피도 아니고⋯. 당하는 사람은 모욕감과 육체적 고통을 동시에 느꼈다.

블러드 이글

'피의 독수리'라니? 그 방법을 설명하면 왜 이런 이름이 붙었는지 이해가 갈 거다. 고문 대상을 묶어 놓고 내부의 장기가 보이게 등을 도려낸 뒤 거기서 폐와 갈비뼈까지 빼내면 마치 독수리가 날개를 펼친 것 같은 형상이 된다. 이름 한 번 고약하게 지었다.

스카피즘

고대 페르시아식 고문 기술이다. 1세기에 그리스 역사가 플루타르코스에 의해 처음 알려졌는데, 역사상 최악의 고문 기술이다. 먼저 고문 대상의 옷을 벗기고 속이 텅 빈 나무상자나 보트 2개를 위아래로 포개어 묶어 그 안에 고문 대상이 들어가게 한다. 이때 고문 대상의 머리와 팔다리는 밖으로 삐져나오게 한다. 그리고 고문 대상에게 우유와 꿀을 잔뜩 먹여 설사를 하도록 유도하고(!), 몸에는 꿀을 잔뜩 발라 둔다(!!). 이렇게 하면 고문 대상의 배설물에 벌레가 모여들고, 고문 대상의 살을 파먹으며 몸에 알을 까게 된다. 정신적인 치욕과 육체적인 고통, 죽음에 대한 공포가 극대화된 '종합선물세트'인 셈이다.

『잘난 척하고 싶을 때 써먹기 좋은 잡학상식』에서 역사 속 독재자들이 사람을 얼마나 죽였는지 보고 화가 치밀었다고? 권선징악의 논리에 걸맞게 벌을 받아야 하는데 과연 그랬을까? 독재자들이 어떻게 되었는지 살펴보자.

야쿠부 고원(나이지리아)

놀랍게도 사람을 잔뜩 죽여 놓고서도 모국 나이지리아에서 영웅 대접을 받으며 편안하게 살아 있다.

하일레 마리암(에티오피아)

역시 죽지 않고 살아 있다. 자신이 잘못한 건 알고 있는지 옆나라 짐바브웨로 도망갔다. 모국 에티오피아에서는 이미 2008년에 사형선고를 받았다. 아마 죽을 때까지 에티오피아로 돌아가지 않을 듯하다.

김일성(북한)

과로로 인한 심근경색 때문에 사망했다고 알려졌지만, 추후에 밝혀진 사실에 따르면 아들 김정일과 심하게 다툰 뒤에 그 충격으로 숨졌다. 심지어 김정일에게 암살을 당했다는 주장도 나왔다. 그렇게 위대

하신 '백두혈통'끼리도 뒤통수를 치나 보다.

폴 포트(캄보디아)

20세기의 가장 잔인한 독재자이자 '킬링필드'의 주인공이었던 그는 1998년 파자마 차림으로 침대에서 수면 중에 73세의 나이로 사망했다. 여러 명을 죽인 독재자치고는 너무나 평화로운 최후 아닌가? 꼭 지옥에서 저지른 죄를 돌려받길 바란다.

이스마일 파샤(터키)

러시아인들과의 전쟁에서 손에 코란을 들고 '알라후 아크바르'를 외치며 돌진했지만 목이 참수된 채 전장에서 발견되었다.

도조 히데키(일본)

침략전쟁을 이끈 전범으로 1948년 12월 23일에 일본 도쿄의 스가모 형무소에서 교수형에 처해졌다. 이 정도는 돼야 업보를 받았다고 할 수 있지 않을까?

레오폴드 2세(벨기에)

그가 재임할 때 벨기에가 콩고를 지배했는데 그 시기에 잘려 나간 원주민의 손만 수백만 개라고 한다. 그 업보 때문에 그는 죽기 전에 창자까지 막히는 심각한 육체적 고통에 시달렸다. 의사들도 손을 못 쓴 채로 고통받다가 1908년에 죽었다.

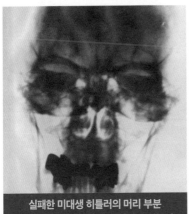

실패한 미대생 히틀러의 머리 부분
엑스레이다. 도대체 머리에 뭐가 들었을까?
잘 안 보인다.

스탈린. 위대하신 령도자 동무를
반신마비 상태로 40년은 두었어야 했다.

아돌프 히틀러(독일)

실패한 미대생의 죽음은 워낙 유명한 이야기다. 1945년 4월 30일에 바 브라운과 결혼식을 올린 후 40시간 뒤에 지하 벙커에서 자살했다.

이오시프 스탈린(구소련)

1953년 3월 1일 침실에서 갑자기 정신을 잃고 쓰러져서 반신마비 상태로 4일을 더 있다가 죽었다. 반신마비 상태로 40년을 뒤도 죗값을 치르기엔 부족하다.

마오쩌둥(중국)

표면적인 사망 원인은 심근경색이었지만, 그가 사망 직전까지 앓은 병은 루게릭병 혹은 파킨슨병, 폐결핵, 성병, 불안장애, 변비 등이었다. 한마디로 '종합병원'이었던 셈이다. 7,800만 명을 죽이고 무사할 줄 알았나? '한국인이 가장 좋아하는 결말'이라고 해야 할 것 같다.

예뻐지는 방법도 가지가지다. 역사 속 미녀들은 도대체 어떻게 아름다움을 유지했을까?

엘리자베트 황후(오스트리아)

19세기에 지구상에서 가장 아름다운 여성으로 추앙받은 사람이다. 그녀는 피부의 매끄러움을 유지하기 위해 올리브 오일로 목욕을 하고, 으깬 딸기를 얼굴에 바르거나, 송아지 가죽을 뒤집어쓰고 잤다. 올바른 자세를 위해 베개도 사용하지 않았다고 한다.

클레오파트라(이집트)

로마의 두 영웅 카이사르와 안토니우스의 마음을 빼앗은 미녀다. 그녀는 도대체 어떻게 아름다움을 유지했을까? 정답은 '당나귀의 우유'다. 그녀는 하루도 빠짐없이 당나귀 우유로 목욕했다.

네페르티티(이집트)

네페르티티라는 이름 자체가 '아름다운 사람이 왔다.'는 의미다. 그만큼 당대에는 최고의 미녀였다고 할 수 있겠다. 그녀는 털을 '극혐'해서 머리부터 발끝까지 몸 전체를 면도하고 가발을 썼다. 미끈함이 아

네페르티티는 전신에 털이 하나도 없었다고 하니
이 그림과 대충 비슷한 느낌일 것이다.

름다움의 비결이었던 셈이다.

마리 앙투아네트(프랑스)

그녀는 비둘기를 장시간 삶아 만든 엑기스로 된 세안제를 사용해 얼굴을 닦았다. 매년 옷값으로만 당시 돈으로 12만 리브르를 썼는데 지금 가치로 환산하면 400만 달러, 한화로 약 53억 원 정도다. 저 정도 쓰면 아무것도 안 해도 저절로 예뻐지겠다.

메리 여왕(스코틀랜드)

타고난 아름다움은 없었지만 관리를 통해 후천적으로 아름다워진 사례다. 그녀는 피부색을 유지하기 위해 화이트 와인으로 목욕을 했다. 오늘날에도 '비노 테라피'라고 이름 붙은 이 특이한 목욕을 고급 스파에서 체험해 볼 수 있다.

조이 포르피로게니타 황후(비잔틴 제국)

비잔틴 제국에서 가장 아름다운 여성 중 한 명으로 꼽힌다. 60대에도 여전히 20대처럼 보였다고 전해진다. 그녀는 궁궐 안에 화장품 실험실을 세우고 자신의 아름다움을 위해 하인들에게 연구하도록 했다.

루크레치아 보르자. 그러니까 이게 감고 나서
하루 종일 햇빛으로 말린 머리라 이거지?

루크레치아 보르자(이탈리아)

체사레 보르자의 여동생으로 당대 최고의 금발 미녀로 알려졌다. 그녀의 금발은 피나는 노력 끝에 탄생했는데, 잿물과 레몬주스를 섞은 물에 머리를 몇 시간 동안 헹구고 하루 종일 햇빛 아래서 말려서 금발이 되도록 했다고 한다.

헬레네(트로이)

무려 트로이 전쟁을 일으킨 신화와 역사 속 미녀다. 그녀는 식초로 가득 찬 욕조에서 목욕하는 걸 즐겼는데, 식초는 피부를 원래의 산성 상태로 회복시켜 주며 세척 효과가 있다. 식초가 미녀로 만들어 주는 '마법의 약'인 셈이다.

시모네타 베스푸치(이탈리아)

그녀는 당시의 미적 기준이었던 아름다운 하얀 피부와 금발 머리를 갖고 있었다. 그녀를 따라 하기 위해 당시 여성들은 거머리를 귀에 붙여 피를 빼내어 피부를 창백하게 만들었고, 사람 오줌으로 머리를 표백했다.

제2차 세계대전 때 미국군에는 잘 알려지지 않은 '유령부대'가 존재
했다. 귀신들이 전쟁에 나가서 싸웠냐고? 아니다. 무슨 얘기인지 들어
보자.

1944년 미군은 1,100명 규모의 특수부대를 유럽으로 급파했다. 아
무도 그들이 무슨 일을 하는지 몰랐다. 특수부대라고 하면 강인한 체
력을 바탕으로 전장 곳곳을 누비며 특수임무를 수행하는 사람들이 떠
오르겠지만, 이들은 어딘지 모르게 좀 약해 보이고 괴짜 같았다. 파견
된 군인들은 하나같이 몽상에 잠겨 있는 사람들처럼 보였다.

그도 그럴 것이 이들의 원래 직업이 예술가, 오디오 기술자, 디자이
너 등이었다. 이들은 전쟁에 직접 참여하는 특수부대가 아니라 독일군
을 속이는 임무를 받고 유럽에 파견된 부대였다. 고무로 전차를 만들
고, 불도저로 전차 바퀴 자국을 내고, 거대한 스피커로 연합군 군대가
행진하는 것처럼 들리게 하고, 사람이 많은 것처럼 소리를 내어 규모
가 큰 부대가 주둔하고 있는 것처럼 보이게 했다. 이 작전에 참여한 인
원은 고작 1,000명 정도였는데 연합군 전투부대와 비교해 한참 적은
규모였던 이들이 '블러핑'을 한 덕분에 독일군은 공포에 떨 수밖에 없
었다.

이렇게 유령부대가 독일군에게 심리전을 통해 겁을 주는 동안 진짜

제2차 세계대전이 연합군의 승리로
끝난 데에는 유령부대의 도움이 한몫했다.

독일군은 이런 상황에서 하릴없이
쳐다보기만 할 뿐이었다.

전투를 담당하는 미군들은 새로운 곳으로 이동해 작전을 개시할 수 있었다. 자칫하면 부대가 이동해서 구멍이 생긴 부분으로 독일군이 뚫고 들어오는 걸 막아내는 중대한 역할을 해낸 것이다. 독일군이 잘 속은 바람에 미국의 유령부대는 제2차 세계대전 당시 유럽에서 20차례 이상 기만작전을 수행하면서 전쟁에서의 승리에 도움을 주었다.

　이 이야기를 보면 역시 동서고금을 막론하고 목소리 큰 게 최고라는 생각이 든다. 참고로 이들의 존재가 밝혀진 건 기밀문건이 해제된 1996년이었고, 수십 년이 지난 후에야 그 공로를 인정받았다.

1

알람시계와 스마트폰 알람이 있기 전에는 무엇이 있었을까? 창문을 두드리는 사람이 있었다. 이게 뭔 소리냐고? 예전에는 아침에 집집마다 일일이 창문을 두드리며 사람들을 깨우는 직업이 있었다.

2

영국의 시인이자 정치인으로 유명한 바이런 경은 트리니티 칼리지에서 공부하던 시절에 기숙사에서 애완동물로 곰을 키웠다. 목줄을 채우고 야무지게 산책까지 시켰다고 하니 좋은 주인임에 틀림없다. 더 웃긴 건 당시 트리니티 칼리지에서는 기숙사에서 개를 키우는 걸 금지하고 있었다는 거다. 곰보다는 개가 더 키우기 쉬울 거 같은데?

3

중국의 한 인공뼈 이식 재료 업체는 2015년부터 2024년 8월까지 시신 4,000여 구를 사들여 사업에 이용했다. 인공뼈가 아닌 '진짜 뼈 이식'을 위해서였다. 그렇다. 인공뼈를 만드는 척하면서 시신에서 빼돌린 진짜 뼈를 이식에 사용한 것이다. '짝퉁의 짝퉁은 진짜'라는 사실이 새삼스레 떠오른다.

곰을 애완동물로 키웠던 바이런 경.
룸메이트가 싫어했을 거 같은데….

진짜 뼈를 인공뼈로 속여 팔다니….
이것도 재능인가?

4

많은 사람이 제2차 세계대전 말에 미국이 일본에 투하한 원자폭탄
만 기억하는데, 일본도 미국에 폭탄을 떨어트린 적이 있다. 당시 일본
은 비장의 무기로 '풍선 폭탄'을 준비했다. 말 그대로 풍선에 폭탄을 매
달아 미국 본토까지 보내는 거였다. 이 무기로 몇 명이나 죽었냐고? 성
인 여성 1명과 아이 5명으로 제2차 세계대전 때 미국 본토에서 발생한
유일한 사상자였다. 10만 명이 넘는 일본인이 죽은 것과 비교하면….

5

신라, 고구려, 백제 사람들은 서로 말이 통했을까? 정확히 밝혀진
사실은 없지만, 아마도 서로 말이 통했을 것으로 추측된다. 당시 기록
어디에서도 통역이 필요했다는 내용을 찾아볼 수 없기 때문이다. 현재

의 노르웨이와 스웨덴, 덴마크 사람들처럼 비슷하지만 조금은 다른 언어를 사용하지 않았을까?

6

진주만 공격이 있은 뒤, 두들겨 맞은 미국보다 먼저 일본에 선전포고를 한 건 캐나다였다.

7

현재 포르투갈의 수도는 리스본이다. 하지만 나폴레옹 전쟁 중에 포르투갈의 수도는 브라질의 도시인 리우데자네이루였다. 리우데자네이루는 다른 대륙에 있는 유일한 유럽 국가의 수도였다.

8

1년은 365일인가? 지금은 맞지만 예전엔 아니었다. 기원전 46년 당시의 1년은 365일이 아닌 445일이었다. 나이 한 살 더 먹는 게 싫다면 옛날처럼 365일을 445일로 늘려 보자.

9

우리나라에 홍선대원군의 쇄국 정책이 있었다면 일본에는 '사코쿠 칙령'이 있었다. 1635년부터 1852년까지 일본은 나라의 문을 걸어 잠그고 어떤 나라와도 교류를 하지 않았다. 하지만 미국이 대포를 들이밀고 개항을 요구하자 어쩔 수 없이 일본은 문호를 개방해야 했다.

10

제1차 세계대전 때 프랑스에서는 매독에 걸린 직업여성이 그렇지 않은 직업여성보다 화대가 더 비쌌다. 그 이유는? 제1차 세계대전에 참전한 군인이 직업여성과 관계를 맺고 매독에 걸리면 지옥 같은 참호전에서 벗어나 후방의 병원에서 1개월간 휴식할 수 있었기 때문이다. 아폴로 눈병에 걸려 학교 결석하려고 친구들끼리 서로의 눈을 비비던 때가 생각난다.

037 | '대만보다 중국에 가까운' 대만 땅이 있다?

대만보다 중국에 가까운 대만 땅은 바로 진먼다오 혹은 진먼섬 혹은 금문도로 불리는 섬이다. 중국 본토와는 고작 4km밖에 떨어져 있지 않은데, 대만 본섬에서는 무려 200km 이상 떨어진 작은 섬이다. 대만 땅이지만 중국에서는 차 타고 올 수 있고 대만에서는 비행기를 타고 가야 한다. 심지어 날씨가 좋지 않은 날에도 중국 본토가 보인다. 이 정도면 엎어지면 코 닿을 거리 아닌가?

마오쩌둥의 공산당과 대립한 국공내전에서 장제스의 국민당은 불리한 위치에 있었고, 1949년에 결국 지금의 대만 본섬으로 후퇴를 하게 된다. 그때 공산당에 대비한 최후의 방어선을 준비해 군대를 여러 곳에 주둔시켰는데 그중 하나가 바로 금문도다.

하지만 위치가 너무 가까웠던 나머지 공산당이 어마어마하게 포격을 가했고, 그로 인해 군인들과 이 섬에 사는 민간인들의 삶은 말이 아니었다. (지금도 이 섬 해안가에는 중국의 침공에 대비해 장애물들이 설치돼 있다.) 이런 상황에서 당시 사령관이었던 후롄 장군은 군인들의 사기를 높이기 위해 술을 만들어 먹일 것을 지시했는데 이 술이 바로 현재 대만을 대표하는 '금문고량주'다. 지역 특산물에 이런 깊은 역사가 숨어 있는 줄 몰랐지?

참고로 금문도의 대표 상품은 술 말고도 '금문육포'와 '포탄 칼'이 있

대만보다 중국에 가까운 금문도.
중국 본토가 보인다.

금문도의 대표 상품인 금문육포.
천상의 맛이다.

다. 금문육포는 금문고량주를 만들고 남은 수수 찌꺼기를 먹여 키운 소들로 만든 육포로 맥주와 함께 먹으면 천상의 맛이다. 대만 본섬에서도 맛볼 수 있으나 아쉽게도 육포는 국내로 갖고 들어올 수 없어서 대만에서만 즐겨야 한다. 그리고 중국 본토에서 쏜 포탄 잔해로 만든 포탄 칼도 금문도의 특산물로 유명한데, 포탄 하나로 칼 60개 정도를 만들 수 있다고 한다. 이 칼로 요리하면 왠지 잘할 수 있을 것 같은데?

038 | 프랑스인이 영국 왕을 했다고?

지금은 우리나라에 왕이 없지만, 조선 왕조에서 왕은 당연히 한국 사람이었다. 천황이 있는 일본도 일본에서 나고 자란 왕족이 천황을 맡는다. 그런데 영국은 좀 다르다. 이야기가 좀 복잡하게 흘러간다.

바로 '정복자 윌리엄' 이야기다. 그는 프랑스인이었지만 영국 왕이 되었다. 1066년 1월 영국 군주였던 '참회왕' 에드워드가 후계 구도가

정복자 윌리엄은 영국 왕이었지만 프랑스인이었다.

불분명한 상황에서 사망하자 뜬금없이 당시 노르망디 지역의 공작이었던 윌리엄이 에드워드가 자신에게 영국의 왕위를 넘겨주기로 했다고 주장했다.

프랑스 사람이 어떻게 영국 왕이 될 수 있냐고? 당시 영국과 노르망디 공국이 결혼 관계로 얽혀 있어 윌리엄이 한 말이 완전 터무니없는 건 아니었다. 그런데 자신이 왕이 되지 못하자 윌리엄은 영국을 침공했다. 결국 전쟁에서 윌리엄이 승리하고, 1066년 12월 25일에 대관식을 올리면서 영국 왕이 되었다.

재미있는 건 외국인이 영국 왕이 되었던 게 프랑스 사람만은 아니라는 거다. 독일 사람도 있다. 영국의 윈저 왕조에는 독일계의 피가 흐른다. 독일 제국의 '카이저' 빌헬름 2세와 영국의 왕이었던 조지 5세는 사촌 지간이었다.

CHAPTER 4

솔직히 까놓고 말해 보는

성·연애

039 | 섹스와 관련된
어이없는 사실 10가지

1

발기를 하거나, 보거나, 생각하는 것에 대해 두려움을 갖고 있는 사람들도 있다. 또한 정자를 무서워하는 사람들도 있다.

2

기혼 남성은 법적으로 정해진 관계 파트너(배우자)가 있지만 독신 남성보다 훨씬 더 자위를 할 가능성이 높다. 그리고 기혼 여성들도 자위를 하는 경우가 22%다. 대략 5명 중 1명이다.

3

클리토리스는 그리스어로 '신성하고 여신 같다.'는 뜻이다.

4

별 이상하고 희한한 데에서 성욕을 느끼는 '페티시'도 있다. '돌 성애자'인 리토필리아, '거울 성애자'인 카톱트로필리아, '자연재해 성애자'인 심포로필리아, '지옥 성애자'인 스티지오필리아가 있다.

5

구강성교를 하는 건 인간뿐만이 아니다. 박쥐의 한 종류인 과일박쥐도 구강성교를 한다. 동물원에 온 아이들 앞에서 구강성교를 한 고릴라 커플도 있으며, 크로아티아 동물원의 곰들도 구강성교를 한다고 한다.

6

이집트인들은 원치 않는 임신을 방지하기 위해 악어 배설물과 꿀, 아교 등을 섞어 질과 자궁 입구에 발라 피임약으로 사용했다. 이렇게 만든 혼합물을 살정제로 사용해 임신을 막으려 했던 것이다. 그리고 이집트 남성들은 가축의 방광을 콘돔으로 사용했다.

7

성관계 중 사망을 '복상사', 즉 배 위에서 죽는다고 표현한다. 200명 중 1명꼴로 발생할 정도로 복상사는 빈번하다.

8

2012년 이루어진 한 연구에 따르면 불륜을 저지르는 남성이 그렇지 않은 남성보다 복상사할 확률이 훨씬 더 높다. 불륜이 들키지 않을까 하는 조마조마함이 고혈압과 높은 심박수로 이어져 심장발작을 일으킬 확률이 높아진다고…. 거 웬만하면 착하게 삽시다.

9

뱃속의 태아도 발기를 할 수 있다. 이 정도면 발기는 신의 섭리다.

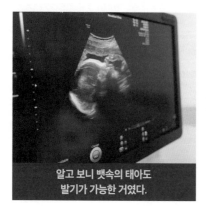

알고 보니 뱃속의 태아도
발기가 가능한 거였다.

고릴라도 입으로 한다.
그건 몰랐네.

10

전 세계 인터넷에서 사람들이 결제하는 총 금액의 절반은 섹스와
관련된 것들에 사용된다. 온라인에는 역시 별의별 사람이 다 있다.

040 | '야릇'한 소리가
가짜일 수도 있다?

야동에서 빠지지 않는 남부끄러운 소리를 듣고 나면 얼굴이 빨개지고 야릇한 감정이 든다. 민망한 건 둘째 치고 '시각적 흥분'뿐만 아니라 '청각적 흥분'까지 가미된다. 도대체 왜인지 이유를 알고 있는가? 바로 성관계 중에 내는 신음소리, 야동에서 들려오는 신음소리는 쾌락을 느끼고 있다는 비언어적인 신호이기 때문이다. 이 소리를 들으면 우리도 모르게 상대방이 '느끼고 있다고' 생각하게 되고, 소리의 경중에 따라 상대방이 어느 정도로 쾌락을 느끼고 있는지 등의 정보를 알 수 있다.

재미있는 건 인간만 이런 소리를 내는 게 아니라는 것이다. 원숭이

상대방이 흥분한 거 같다고 착각하지 마시라.
아닐 수도 있다.

나 침팬지 같은 영장류도 인간의 신음소리와 비슷한 소리를 내는데, 서열이 더 높은 수컷과 짝짓기를 할 때 평소보다 울음소리가 훨씬 더 길어진다. 놀랍지 않나?

물론 모든 신음소리가 흥분했음을 알려 주는 신호등이 되진 않는다. 많은 사람이 관계 중에 가짜로 신음소리를 낸다고 한다. 진짜로 자극을 느껴서 소리를 내는 사람들은 고작 20%밖에 되지 않는다는 연구 결과도 있다. 그러니까 야릇한 소리가 들리더라도 확신에 빠지지 말고 꼭 대화를 통해 '문제를 해결'해 나가길 바란다.

041 │ 남자의 멋진 목소리, 여심을 사로잡는다?

많은 여성이 멋진 목소리를 가진 남성에게 매력을 느낀다. 물론 각각의 여성마다 멋진 이성이라고 생각하는 기준 자체가 다르기 때문에 성급하게 일반화할 순 없지만, (그에 비해 남성들의 이상형은 단순한 편이다. '예쁘면 된다.'는 사람이 의외로 많다.) 목소리 좋은 남자를 매력적으로 생각하는 여성이 많은 건 사실이다.

한 설문조사 결과에서 여성들의 30%가 목소리가 별로면 잘생긴 남자라도 소용이 없다고 답했을 정도이고, '동굴 목소리'만 들으면 어쩔 줄 모르겠다는 사람들도 있다. 남자 입장에서 멋진 목소리를 갖고 있는 건 이성에게 어필할 수 있는 하나의 수단을 가진 것과 마찬가지인 셈이다.

그런데 아마 많은 남성은 목소리가 좋은 게 왜 매력이 되는 건지 이해하지 못할 거다. 도대체 왜일까? 호르몬과 감각기관의 발달로 인한 자극의 차이가 한 가지 원인일 수 있다. 엄마 뱃속의 태아는 남녀 모두 남성 호르몬에 노출되긴 하지만, 남자아이가 훨씬 더 남성 호르몬에 많이 노출되고, 여자아이는 상대적으로 적게 노출된다. 남성 호르몬에 많이 노출되면 시각이 더 발달하고, 덜 노출되면 청각과 후각이 더 발달하게 된다. 그래서 여성이 훨씬 더 청각적인 자극에 민감하다.

낮은 목소리 자체는 '상남자'라는 사실을 증명해 주는 마패와도 같

동굴 같은 목소리는
테스토스테론의 상징과도 같다.
갖고 싶다면 열심히 연습하세요.

이렇게 생겨도
목소리 톤이 높으면 살아생전
'찐사랑'은 불가능할 듯하다.

다. 남성 호르몬 즉 테스토스테론의 수치가 높을수록 근육이 발달하
고 어깨가 넓으며 음경의 크기가 크고 목소리가 굵고 낮아진다는 연구
결과가 있다. 이 모든 걸 종합하면 매력적인 '상남자'가 탄생한다. 바꿔
말하면 테스토스테론 분비가 활발한 남자일수록 여자에게 더 매력적
으로 비추어지니까 성적 매력이 충만하다고 할 수 있고, 청각에 민감
한 여성이 남자의 낮은 목소리를 들으면 테스토스테론이 넘치는 남자
라고 느끼게 된다는 거다. 이래서 동굴 목소리에 끌리는 거였네?

042 | 남성에게 소중한 기둥, 부러질 수 있다?

이 책을 읽는 남자분들, 관계 중에 '그곳'이 부러질 뻔한 경험을 해본 적 있는가? 갑자기 '뚝' 하는 소리와 함께 참을 수 없는 고통이 밀려오는 당황스러운 순간을 마주했던 적이 있다면 아마 무슨 소리인지 이해할 거다. 그 부위에는 뼈도 없는데 어찌된 일일까?

이 고통을 유식하게 표현하면 '음경 골절'이다. 대부분은 성관계 중에 부러질 수 있는데[자위행위나 정력 증강을 위한 지압(!?) 중에 발생하는 경우도 있다.] 발기 상태에서 체위를 바꾸다가 아스트랄한 소리와 함께 통증이 밀려오게 된다. 부러지면 극심한 고통과 함께 여러분의 그곳이

여러분의 '오벨리스크'를 함부로 사용하면
부러질 수 있습니다.

부어오르며 검푸른 색깔로 변하기 시작한다. 여러분의 '소중'한 것이 발기하게 되면 탄력성이 떨어지고 두께가 얇아져 외부의 압력에 취약해지기 때문이다.

만약 이런 경우가 발생하면 해당 부위에 얼음찜질을 하고 즉시 병원에 가야 하고, 필요하다면 수술까지도 해야 한다. 만약 제때에 제대로 치료하지 않는다면 여러분의 그곳이 평생 '부메랑'이 될 수도 있다. 계속 꺾인 상태로 있는 내 '소중이'를 보면 슬프지 않겠나?

043 | 알아 두면 쓸데없진 않을 섹스와 관련된 사실 10가지

1

유럽에서 태어나는 아기의 10%는 이케아 침대에서 임신된다. 역시 북유럽의 강호 이케아답다.

2

인간 성생활의 바이블과도 같은 『킨제이 보고서』를 쓴 미국의 알프레드 킨제이는 자기 요도에 빨대부터 칫솔까지 온갖 물건을 넣어 봤다고 한다. 어마어마한 통증을 느꼈을 거 같은데….

칫솔을 도대체 왜 요도에 넣는 거지?
보고서를 쓰기 위한 실험의 일부였나?

3

남성의 정액을 비밀문서에 사용하는 '투명 잉크'로 사용한 스파이들이 있다. 바로 영국의 정보부 MI6다. 놀랍게도 이걸 주장한 건 최초의 MI6 국장인 맨스필드 커밍이다. 그는 정액 잉크가 적들에게 들키지 않고 정보를 전달하는 좋은 수단이라고 믿었다. 그럼 그 잉크는 본인이 만든 건가요? 직접?

4

정자 하나에 담긴 DNA 정보의 양을 데이터로 환산하면 약 37.5MB
다. 남성이 한 번 사정할 때 15,875GB의 데이터 전송이 이뤄지는 셈이
다. 애플의 맥북 프로 노트북 62개와 맞먹는 데이터 양이다.

5

1명의 남성이 전 세계 모든 가임 여성을 임신시키려면? 이론적으로
는 2주만 기다리면 된다. 2주 안에 남성의 고환에서 지구상의 모든 가
임 여성을 임신시킬 수 있는 정자가 생산된다. 하지만 한국의 가임여
성 수만 해도 1,100만 명이 넘는데 이들 모두와 관계를 2주 안에 갖는
건 물리적으로 불가능하다.

6

2008년 지중해의 섬나라 사이프러스에서 고고학자들이 7세기경의

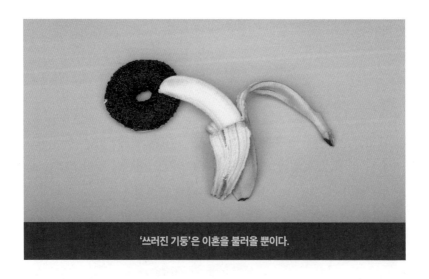

'쓰러진 기둥'은 이혼을 불러올 뿐이다.

납판을 발견했다. 거기에는 "섹스를 할 때 네 고추가 아프길 빈다."는
저주의 내용이 있었다.

7

'피임'을 의미하는 독일어는 'Schwangerschaftsverhütungsmittel'다.
이 단어를 다 말하려면 이미 늦었다.

8

1시간 동안 여성이 가장 많이 오르가슴을 느낀 기록은 무려 134번
이다. 30초에 한 번씩 터진 셈이다.

9

미국 내 26개 주에서 발기부전은 이혼의 원인이 될 수 있다.

10

성관계 중의 여성은 생식기와 유방 외에 코 안쪽도 부풀어 오른다.
코는 왜? 혈액 순환 때문인가?

044 | 3년 동안 관계를 맺지 않으면 일어나는 일

3년? 3년 동안 한 번도 하지 않았다고? 섹스리스의 기준이 1년간 10회 미만, 월 1회 미만이라지만 아예 한 번도 하지 않은 '진짜'도 있다. 하지 않으면 여러분의 몸에서 어떤 변화가 일어나는지 알아보자.

스트레스

스트레스를 받고 있다고 하더라도 성생활을 하면 몸에서 엔도르핀이 방출되어 스트레스를 이겨 낼 수 있게 해 준다. 하지만 '리스'라면 스트레스 수치는 가중된다.

불면

수면과 스트레스가 직접적인 연관이 있다는 건 이미 수많은 연구를 통해 검증된 사실이다. 섹스를 통해 스트레스를 풀면 잠이 더 잘 오겠지만, 아니라면 역시 잠 못 드는 밤이다.

혈압 상승

관계를 맺지 않으면 스트레스를 받고, 이에 따라서 혈압이 높아진다.

심장질환

2010년 연구에 따르면 1주일에 두 번 이상 관계를 갖는 남성은 심장질환 발병 위험을 거의 절반으로 줄일 수 있었다. 아마 이것도 운동이라서 그런 거 아닐까?

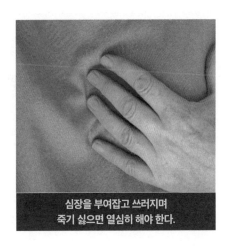

심장을 부여잡고 쓰러지며
죽기 싫으면 열심히 해야 한다.

인지 기능 저하

건국대학교에서 이루어진 연구에 따르면, 만성 스트레스로 인한 기억력 저하를 섹스가 막아 줄 수 있다고 한다.

발기부전

쓰지 않으면 쓰는 방법을 까먹게 된다. 50대부터 70대까지의 장년층이 발기부전에 빠지는 건 자주 사용하지 않기 때문이라는 이야기도 있다. 3년 안 쓰면 어떻게 쓰는지 까먹을 수도 있다.

전립선암

일주일에 최소 4번에서 7번 정도 사정을 하는 사람은 전립선암의 위험을 낮출 수 있다.

면역 체계 약화

오르가슴 자체가 면역 체계 유지에 큰 도움을 준다. 한마디로 활력 있는 성생활을 유지할수록 몸도 건강해지는 셈이다. 그 반대인가?

푸른 알약이 멸종 위기
동물들도 살려 낸다?

고자가 된 '심영'도 세워 주는 약, 바로 미국 제약회사 화이자에서 만
드는 비아그라다. 이 푸른 알약은 1990년대 말부터 고개 숙인 남성들
을 위한 약으로 팔렸는데, 처음부터 발기부전 치료제로 개발된 게 아
니다. 원래는 이 성분을 협심증과 고혈압의 치료제로 활용하려 했으나
임상시험 도중에 실험 대상이 (물론 남자) 자주 발기하는 것이 발견되
었고, 덕분에 용도를 변경해 1998년 발기부전 치료제로 판매했다. 소
가 뒷걸음질 치다가 쥐 잡은 셈이다.

약의 이름도 알고 보면 웃기다. 비아그라는 정력을 의미하는 'vigar'

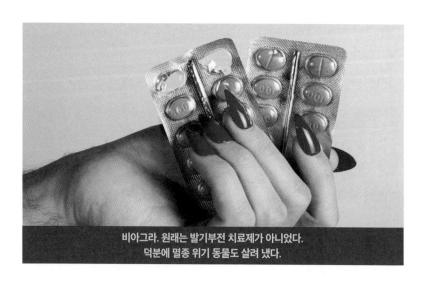

비아그라. 원래는 발기부전 치료제가 아니었다.
덕분에 멸종 위기 동물도 살려 냈다.

라는 라틴어와 폭포의 이름인 나이아가라의 합성어다. 쉽게 말하면 '정력을 강하게 해 콸콸 쏟아져 나오게 한다.'는 뜻이다. 뭐가 콸콸 쏟아져 나오는지는 상상에 맡기자.

발기부전 치료제로 유명하지만 사실 비아그라는 여러 분야에서 등장한다. 그중 하나가 바로 멸종 위기에 처한 동물들을 살려 냈다는 것이다. 이게 갑자기 무슨 소리냐고? 사람들은 정력에 좋다면 호랑이 뼈부터 녹용까지 다 먹는데 한번 먹기 시작하면 동물들이 멸종되는 경우가 허다했다. 하지만 비아그라가 나온 뒤로는 그럴 필요가 전혀 없어졌다. 알약 하나면 심영도 정력왕이 되기 때문이다.

046 | 양말 신고 하면 쾌락이 커진다고?

「프렌즈 위드 베네핏」이라는 영화를 본 적 있는가? 영화에서 남녀 주인공이 서로의 욕망을 충족시켜 주는 '친구' 관계로 등장하는데 극 중에서 재미있는 점이 하나 있다. 바로 남자 주인공이 양말을 신고 성관계를 한다는 것이다. 할 거면 다 벗고 하지 도대체 양말은 왜 신고 하는 걸까?

의외로 성관계 중에 양말을 신는 게 도움이 될 수 있다. 한 네덜란드 연구팀의 연구에 따르면, 양말을 신고 성관계를 맺으면 더 큰 쾌락을 맛볼 수 있다고 한다. 양말이 +9 아이템도 아닌데 어떻게 그러냐고?

양말을 신으면 혈액 순환이 원활해져 더 잘 느끼게 된다.
그렇다고 폭염에도 양말을 신지는 말고….

우리가 가진 의문에 대한 정답은 바로 혈액 순환에 있다. 여러분도 알다시피, 추우면 혈액 순환이 둔해지고 몸이 따뜻해지면 혈액 순환이 원활해진다. 남녀 모두 성기에 혈관이 뭉쳐 있는데, 혈액 순환이 원활하지 못해 성기로의 혈액 공급량이 줄어들면 성기도 충분히 팽창하지 못하고, 잘 느끼지 못하게 된다. 그래서 양말을 신어 몸을 따뜻하게 해 주면 혈액 순환도 원활해져 즐거운 성생활을 누릴 수 있게 되는 것이다.

또한 양말을 신었을 때 심리적으로 안정감을 주고 긴장감을 완화시켜 몸이 '느낄 준비'를 하게 해 주는 이유도 있다. 이제부터 양말은 벗으면 안 되겠다.

047 | 진정한 사랑은 이것이 있어야 한다?

여러분의 곁에는 여러분을 사랑해 줄 누가 있는가? 있다고? 다행이다. 여러분이 힘들 때나 기쁠 때나 안아 주고 사랑해 줄 존재가 있다는 건 축복받은 일이다. 그걸 온전히 느낄 수 있다면 여러분은 진정한 사랑을 하고 있다. 하지만 그게 진짜 사랑인지 의심된다면 한 번 '우리가 사랑일까?'를 생각해 볼 필요가 있겠다.

미국의 심리학자인 헬렌 피셔는 사랑이 3단계로 이루어진다고 주장했다. 사랑이 처음 시작되어 성숙해지기까지 3단계를 거치게 되는데 갈망, 끌림, 애착이다. 이게 뭐냐고?

'갈망'은 남녀가 사랑의 감정을 느끼기 전에 본능적으로 이끌리는 성적 감정이다. 한마디로 첫눈에 보고 성적인 매력을 느끼면 그게 바로 갈망이다.

여기서 감정이 발전되면 '끌림'의 단계로 가게 되는데 이건 서로에게 사랑이라는 감정을 느껴 기분이 좋아지는 단계다. 물론 이 이전에 성적 매력이 느껴지는 존재 중 구체적인 선호에 따라 1명을 선택하는 과정을 거친다. 이때의 뇌 상태는 마약에 중독됐을 때와 비슷할 만큼 행복감에 빠진다.

어느 정도 끌림이 이어지면 그다음은 '애착'이다. 이 단계는 자신이 생각하는 최적의 짝을 선택하고 안정적이고 편안한 기분을 느낄 수 있

성적인 매력은 1단계일 뿐이다.
예선 통과도 못하면 국물도 없다.

이성의 매력이 사라지는 시간은 900일이다.
이 시간을 넘기면 진정한 사랑이다.

는 단계로 상대와의 친밀감이 높아지는 시기다.

정리하자면 셋 중에 하나라도 빠진다면 사랑이 아니라고 할 수 있다. 애초에 성적인 매력도 안 느껴지면 그건 사랑을 시작할 이유가 없는 거고, 관계는 가졌는데 다음 단계로 진행되지 않는 것 같다면 끌림의 단계로 넘어가지 못하는 거다. 그리고 사랑에 빠져도 시간이 지난 후 콩깍지가 벗겨지는 사람이라면 애착의 단계로 넘어가지 못한 것이기 때문에 진정한 사랑이 아니라고 할 수 있다.

참고로 콩깍지가 벗겨지는 시간은 900일 정도라고 하니, 이렇게 따지면 최소 3년은 만나보고 결정해야 하는 셈이다. 아, 재산을 보고 결혼하는 건 당연히 진정한 사랑에 포함되지 않는다.

048 | 이런 사람은 연애 대상으로 무조건 피해라?

그리스 신화의 나르키소스는 눈부실 정도로 잘생겨서 한 님프에게 고백을 받았지만, 역시 얼굴값을 하는지 매몰차게 거절했다. 이에 앙심을 품은 님프는 복수를 위해 나르키소스가 죽기를 빌게 되고, 나르키소스는 물에 비친 자신의 모습에 반해 밥도 먹지 않고 자신의 얼굴만 바라보다가 결국 죽는다.

나르키소스처럼 본인에게 취한 사람들을 '나르시시스트'라고 하는데, 만나면 굉장히 피곤한 유형이다. 독일의 정신과 의사인 네케가 1988년에 내놓은 개념으로, 쉽게 말하면 자기를 너무나도 사랑하는

그리스 신화에 등장하는 나르키소스.
이런 사람을 만나면 주변 사람이 피곤하다.

사람이다. 한마디로 말하자면 '자뻑'이 심한 사람이다.

적당하면 귀엽겠지만 '자뻑' 증세가 심해지면 인격장애로 발달한다. 이런 사람들은 자기의 능력·외모·재력·집안에 대해 과대평가를 하며, 명성이나 지위·돈·권력을 지나치게 추구하고, 남이 자신을 비판하는 것을 받아들이지 못한다. 또한 지극히 이기적이고 모든 걸 자기중심으로 생각해서 주변 사람들을 피곤하게 만든다.

오죽하면 나르시시스트를 수단과 방법을 가리지 않는 마키아벨리즘이나 사이코패스와 함께 '어둠의 3요소'라고 부를까? 이런 사람들은 사귀어 봤자 내 정신만 피폐해질 뿐이니 혹시라도 이런 사람이 보이면 멀리멀리 도망가라.

049 | 건강한 연애를 위해 필요한 9가지

마음에 드는 상대가 있다면 잘 사귀어야 관계를 오랫동안 유지할 수 있다. 얼굴을 오래 보려면 선을 넘지 말아야 하고, 서로 지켜야 할 것은 지켜야 한다. 그래서 준비했다. 연애를 잘하기 위해 지켜야 할 9가지다.

너무 기대하지 않기

모든 게 우리가 바라는 대로 굴러 가지 않는다. 상대방을 있는 그대로 받아들이고 좋아해 주는 게 제일 좋다.

의사소통

둘 다 한국말을 한다고 말이 통하는 게 아니다. 화나면 화가 났다고 말하고, 싫으면 싫다고 표현해야 안다. 말도 안 하는데 알아주길 바라면 독심술사를 만나면 된다. 대화를 통해 문제를 해결하고 의견을 나누는 게 중요하다.

변화에 유연하게 대처하기

두 사람을 둘러싼 상황과 두 사람의 관계는 항상 변한다. 변화에 대해 불안해하는 건 자연스러운 일이지만, 너무 지나치면 독이 된다. 불

같은 언어를 쓰는데 왜 말이 안 통할까? 벽 보고 이야기하는 기분이다.

진짜 내 모습을 보여 주자. 그렇다고 화장실에서 똥 누는 모습을 보여 주면 헤어지게 된다.

안과 동시에 관계의 변화에 적응하는 게 진짜로 성장하는 길이다.

싸울 땐 제대로

누굴 만나도 갈등은 생긴다. 그렇다고 연인 사이에 주먹질을 할 필요는 없다. 지금 당장 화가 난 사실만 가지고 본인의 의견을 명확하게 표현하면 된다.

표현은 따뜻하게

연구 결과 오래 가는 커플들은 의사소통에서 부정적인 표현을 1번 할 때 긍정적인 표현을 5번 한다고 한다. 사랑한다고 말해 주자.

의존적이지 않은 관계

상대방이 여러분의 아빠, 엄마는 아니다. 하루 종일 그 사람에게 매달리기보다는 자신의 삶을 가지면서 연인을 만나야 한다. 그게 건강한 관계다.

쌍방향

서로 사랑한다고 표현하고, 서로 손을 맞잡아야 연인 아닐까? 일방적으로 한 쪽만 표현하고 한 쪽만 사랑한다면 그건 매달리는 거지 사귀는 게 아니다.

신뢰

설명이 필요 없다. 깨지면 끝이다.

내 진짜 모습

가면을 쓰고 연기를 하는 것보다 내 본모습을 보여 주는 게 더 진정성 있고 매력 있다. 가면을 써도 시간이 지나면 결국 벗어야 하는 게 파티의 규칙이다.

| # 한 번 데이면 쳐다도 안 보는 과학적인 이유

실험쥐에게 달콤한 물을 먹였더니
배가 '아야' 해서 이제 안 먹는다.

'똥차 가고 벤츠 온다.'고 하지만, 나에게 다가오는 건 또 다른 똥차뿐이다. 하지만 고생은 한 번으로 끝내야 한다. 조금이라도 똥차 같다는 느낌의 '사망 플래그'가 세워지면 빠르게 도망가야 한다. 예전에 만났던 사람들의 '쎄한' 포인트가 쌓이고 쌓이면 어느덧 '이 사람은 나와 안 맞는구나.'라는 결론을 도출할 수 있는 노련함이 생기게 된다. 역시 인생은 경험이 있어야 유익하게 살 수 있다.

미국의 심리학자 존 가르시아는 우리가 막연하게 알고 있던 '한 번 데인 똥차와 비슷한 사람은 쳐다도 안 본다.'는 사실을 과학적으로 입증했다. 그는 1955년 생쥐를 대상으로 실험을 진행했다. 먼저 쥐들에게 달콤한 사카린이 들어 있는 물을 먹이고, 쥐들을 3개의 그룹으로 나눈 후 각각 다른 양의 방사선을 투여했다.

실험 대상이었던 쥐들은 시간이 흐른 뒤 방사선을 많이 투여할수록 복통을 더 심하게 겪었다. 달콤한 물을 먹고 복통을 겪은 후, 실험에 사용된 쥐들은 배가 아픈 원인을 '방사선'이 아닌 '달콤한 물'에서 찾았

똥차 가고 똥차가 또 오더라도
슉슉 잘 피해 나갈 수 있다.

고, 이를 피하기 위해서 달콤한 물보다 일반 수돗물을 더 선호하기 시
작했다.

이렇게 '한 번 당하고 나면 피하게 된다.'는 명제를 연구자의 이름을
따서 '가르시아 효과'라고 한다. 처음에 존 가르시아가 이 연구 결과를
발표했을 때 많은 과학자는 회의적으로 반응했지만, 이후 가르시아 효
과를 뒷받침하는 증거가 더 많이 나오면서 이 이론이 믿을 만하다는
신뢰가 생기기 시작했다.

가르시아 효과는 우리의 생존에 유리한 쪽으로 작용한다. 경험을
통해 나에게 맞는 것과 맞지 않는 걸 가려내는 '혜안'을 얻게 된다. 간
혹 원인을 '방사선'이 아닌 '달콤한 물'에서 찾는 것처럼 틀린 판단을 할
수도 있지만, 결과적으로 본다면 우리가 되도 않는 이상한 놈을 만나
아프게 되는 것보다는 나으니 '합리적인 판단'이라고 해야 할까?

아니, 앞의 글을 읽었는데도 똥차 피하려고 하다가 도망치지 못하고 또 다른 똥차를 만났다고? 아마 그런 분들은 이성이 가진 몇 가지 매력에 빠져 헤어나오지 못했을 가능성이 크다. 의외로 본인의 '취향' 때문에 또 다시 전에 만난 똥차와 비슷한 똥차를 찾아가게 된다.

영어 단어 'anchor'는 우리말로 '닻'이다. '앵커 효과'란 말 그대로 배를 정박할 때 닻을 내리는 것처럼 우리에게 제시된 기존의 기준에 얽매여 벗어나지 못하는 현상을 의미한다. 우리의 머릿속에 특정한 이미지나 숫자 등이 각인되면, 그걸 벗어나서 판단을 내리기 힘들다. 인간

취향이 '소나무'인 게
항상 좋은 것만은 아니다.

관계로 따지면 한 번 고정된 첫인상이 변하지 않는 게 대표적인 예다.

인간은 언제나 불확실한 정보를 갖고 선택을 하기 때문에 선택을 온전하게 만들어 줄 기준이 필요하다. 그래서 새롭거나 기존과 다른 건 판단을 미뤄 둔다. 저 놈이 뭐하는 놈인지, 나와 잘 맞는 커플이 될지 감도 안 잡히는 상황에서 어떤 기준을 가지고 판단하려 하다 보니 그 기준이 '구여친', '구남친'이 되는 셈이다.

예를 들어 처음 사귄 이성이 키가 크다면 이후의 연애에서도 키 큰 사람을 찾는다. 그리고 다정한 성격을 가진 사람이 처음 사귄 사람이었고 그 연애가 행복했다면 뒤에 만나는 사람에게서도 다정한 성격을 어느 정도 기대하게 된다. 그러다가 또 똥차 만날 수도 있는 거고…. 역시 사람 취향이 '소나무'인 건 매번 좋은 것만은 아닌 듯하다.

CHAPTER 5

음식 앞에 두고 풀기 좋은 화제!

술·음식

052 | 코냑 마실 때 알아 둬야 할 상식 5가지

뭐? 소맥 섞어 먹는 게 질렸다고? 걱정하지 마시라. 세상은 넓고 술은 많다. 추운 날씨가 다가오면 '귀티나게' 코냑을 한번 맛보는 건 어떨까? 얼핏 보면 위스키와 비슷하지만, 다른 매력이 있는 게 코냑이다. 맛 들리면 날씨가 쌀쌀해질 때마다 이 술을 찾게 된다. 요즘에는 마트나 주류 백화점에서 쉽게 구할 수 있어서 구하기도 쉽다.

1

코냑은 프랑스 코냑 지방에서 청포도로 담근 와인을 증류한 후 오크통에서 묵혀 숙성시키는 술이다. 위스키나 와인과는 다른 술로 프랑스 출신인 셈이다. 참고로 코냑 1리터를 만들려면 와인 10리터가 필요하다.

2

코냑과 브랜디, 같은 술인가? 이에 대한 답은 '예' 그리고 '아니오'다. 브랜디가 코냑의 상위 개념이다. 술의 한 종류인 브랜디 중에서 코냑 지방에서 만든 것만 코냑으로 불린다. 다른 지방에서 만들어진 브랜디는 코냑이 될 수 없다.

헤네시, 레미마르탱, 마르텔
셋 중에 하나를 고르면 괜찮은 시작이다.

3

해외에서 고급 술로 인정받고 있기 때문에 코냑 생산량의 대부분은 프랑스 국외로 수출된다.

4

코냑에도 등급이 있다. 면세점에서 선물로 코냑을 사고 싶은데 뭘 사야 할지 모르겠다고? 생각보다 간단하다. 중요한 사람이라면 XO를, 별로 안 중요한 사람이라면 VS를 선물하자. VSOP는 내가 먹고….

VS - very special의 약자. 2년 동안 숙성된 코냑.

VSOP - very superior old pale의 약자. 최소 4년 동안 숙성된 코냑.

XO - extra old의 약자. 최소 6년 이상 숙성된 코냑.

이렇게 생긴 잔의 밑부분을 손으로 감싸 쥐고 코냑을 데워 향을 음미한다. '부르주아' 느낌을 낼 수 있다.

5

코냑은 코가 삐뚤어지고 싶을 때 마시는 술이 아니다. 코냑을 제대로 맛보기 위해서는 코냑을 따른 잔을 손으로 잡은 후 체온으로 코냑을 데워 향을 느끼면서 마신다. (이때 향을 빨리 느껴 보겠다고 전자레인지에 돌리면 향이 다 날아간다.) 이를 위해 잡았을 때 손에 닿는 면적이 넓은 형태의 전용 잔이 있다. 참고로 향 하나는 정말 기가 막히니까 기대해도 좋다.

한 나라의 경제 수준이 높아지면 시장이 급격히 성장하는 게 커피나 위스키 같은 고급품이라는 말이 있다. 그런 의미에서 위스키 판매량이 폭발적으로 증가하고 물량이 풀릴 때마다 품절되는 건 우리나라 경제 수준이 꽤 높아졌다는 의미라고 받아들일 수도 있다.

그런데 위스키만 마시려니까 허전하다고? 그래서 준비했다. 이번엔 위스키 혹은 코냑의 훌륭한 안주가 되는 시가다. 엽궐련이라고도 부르는, 담뱃잎을 말아서 피우는 그것이다. 마피아 보스들 아니면 귀족들이 피우는 담배라고 생각하겠지만 사실 여러분도 피울 수 있다.

1

시가는 담뱃잎으로 만든다. 담배는 1492년 콜럼버스가 신대륙을 발견하면서 유럽으로 건너온 물품 중 하나다. 당시에는 지금의 쿠바 지역에서 담뱃잎을 가져와 스페인의 세비야에서 독점적으로 시가를 만들었지만, 수요가 많아

마피아도 피우고,
여러분도 피울 수 있다.

져서 감당이 안 되자 쿠바 지역에서도 시가를 만드는 걸 허용했다. 덕분에 쿠바에서 만들어진 시가는 프랑스 와인처럼 시가 하면 떠오르는 대명사가 되었다.

2

시가라는 이름은 스페인어 'cigarro'에서 왔는데, 이 단어는 마야어 'sicar'에서 왔다. 무슨 뜻이냐고? '담뱃잎을 말아 피운다.'는 뜻이다.

3

시가를 피우기 위해서는 '휴미더'라는 보관함이 필요하다. 스페인 삼나무로 만든 나무 상자인데, 습도를 유지하고 벌레가 생기지 않도록 하는 데 큰 도움을 준다. 뭐? 검색해 봤더니 비싸다고? 밀폐가 잘되는 락앤락이나 타파웨어에 보관해도 상관없다.

4

시가는 크게 쿠바산과 뉴월드로 구분된다. 쿠바산은 말 그대로 쿠바에서 만들어지는 시가, 뉴월드는 쿠바를 제외한 도미니카나 니카라과 등의 나라에서 만들어지는 시가를 의미한다. 쿠바에서 만들어진 시가는 비싸고, 다른 지역에서 만들어진 시가는 상대적으로 저렴하다.

5

쿠바산 시가에 대한 수요가 급증하고 있어 최근에는 가격도 상대적으로 비싸졌고 구하기도 어려워졌다. (항상 어떤 상품이든지 가격을 올리는 건 중국인들이다.) 원래 시가는 담뱃잎을 몇 년씩 숙성해 만들어야 하

담뱃잎을 숙성시킨 뒤 사람이 손으로 말아 시가를 만든다.
기계로도 만들지만, 손으로 만드는 것보다 급이 낮다.

지만, 쿠바에서는 그럴 시간이 없어서 닥치는 대로 시가를 만들어 팔고 있다. 그래서 최근에 나오는 쿠바산 시가는 구입 후에 몇 년씩 숙성시켜 피우는 경우가 많다.

6

반면 쿠바를 제외한 지역에서 만들어지는 시가들은 충분히 숙성 시간을 거친 후 사람들에게 판매되기 때문에 바로 피워도 괜찮다.

7

시가 하면 크고 두꺼운 것만 생각하지만 의외로 그 사이즈는 다양하다. 로부스토, 코로나, 토로, 처칠, 란세로 등 여러 사이즈가 있어서 초보자들은 뭘 선택해야 할지 쉽지 않다. 로부스토나 코로나 사이즈로 시가를 처음 경험해 보는 사람이 많다. 또한 시가 중에는 일반 담배와 비슷한 사이즈도 있다. 이런 담배들은 '리틀 시가' 혹은 '시가릴로'라고 불린다.

8

유명한 쿠바 시가 브랜드 중에는 '로미오 이 훌리에타(로미오와 줄리엣)', '몬테크리스토' 같은 다소 익숙한 이름이 있다. 유명한 문학 작품에 나오는 이름과 같은데, 옛날 옛적에 담배를 말던 사람들이 지루해하지 않도록 라디오처럼 문학 작품을 읽어 주던 사람들이 있었다는 것에서 착안했다. 로미오 이 훌리에타 시가를 만들던 사람들은 『로미오와 줄리엣』을 들으며 담배를 만들었고, 몬테크리스토 시가를 만들던 사람들은 소설 『몬테크리스토 백작』을 들으며 담배를 만들었을 것이다.

지금은 술이 몸에 나쁘다는 상식이 널리 퍼져 있지만 '구인네스' 맥주 이야기를 보면 아닌 것 같다. 엥, 그거 기네스 아니냐고? 미안하다. 영어가 좀 짧아서···. 어쨌든 1815년 워털루 전쟁에 참가했던 한 기병 장교가 부상을 당한 후 기네스 한 잔을 먹고 힘이 솟아난다는 글을 썼다. 도대체 맥주를 왜 '빨간 물약'처럼 묘사한 걸까? 먹어 보면 안다. 달콤쌉싸름하면서도 부드러운 맛이 입안에 맴돈다.

이런 기네스에도 비밀이 숨어 있다면? 기네스를 캔으로 한 번이라도 마셔 봤다면 캔에 뭔가 있는 걸 눈치챘을 거다. 바로 '위젯'이라고

오늘 저녁은 구인네스 한 잔과 함께 하루를 마무리하자.

불리는 플라스틱 구슬로 캔맥주에서도 크리미한 거품을 내도록 한 장치다. 덕분에 기네스는 생맥주와 캔맥주의 맛 차이가 그렇게 크지 않다. 이 장치는 1991년 한 조사 결과에서 인터넷이라는 어마무시한 발명품을 제치고 최고의 발명품으로 뽑혔다.

비밀이 한 가지 더 있다. 기네스를 마실 때 맥주를 따른 후 119.5초를 기다리면 부드러운 거품의 완벽한 한 잔이 완성된다. 시간까지 재면서 먹어야 할지 모르겠다고? 시간 맞춰서 먹어 본 바로는 그 맛이 정말 기가 막히고 코가 막힌다. 꼭 먹어라. 두 번 먹어라.

055 | 콩 심은 데 콩 나고, 똥 심은 데 똥 난다?

설탕이 지금처럼 푸대접을 받았던 적이 있을까? 과거에는 설탕을 구하기 어려워 귀중품 중의 귀중품으로 대우받았지만 이제는 건강을 해치는 애물단지 신세다. 설탕이 건강에 좋지 않다는 사실이 밝혀지면서 사람들은 설탕을 대체할 수 있는 걸 찾았는데, 오늘 이야기의 주인공인 아스파탐도 설탕의 대체재 중 하나다. 설탕보다 200배는 더 달아서 극소량만 사용해도 되고 화학물질로 만들어져 저렴한 가격을 자랑한다. 한마디로 '가성비'가 끝내준다.

아스파탐은 재미있게도 실수 때문에 탄생했다. 1965년 G. D. 설이라는 회사에서 근무하던 제임스 슐레터는 위궤양에 잘 듣는 약물을 개발하기 위해 화학물질들을 합성하는 실험을 했는데, 이 실험의 결과물이 엄청나게 단 걸 보고 인공감미료로 사용할 생각을 했다. 그가 만들어 낸 이 물질에 아스파탐이라는 이름이 붙었고, 20년 뒤에는 설탕을 대체하는 인공감미료로 널리 사용되기 시작했다.

제임스는 아스파탐을 어떻게 만든 걸까? 당시에는 우연히 만들어서 정확한 방법이 어떻게 되는지 몰랐지만, 시간이 지난 뒤 연구를 통해 아스파탐이 만들어지는 방식이 밝혀졌다. 좀 더럽긴 하지만 그래도 이건 과학 이야기니까…. 아스파탐은 이콜라이 즉 대장균이라는 박테리아에서 나오는 배설물을 긁어모아 화학처리를 한 뒤 감미료의 역할을

아스파탐은 가성비가 끝내주지만
똥으로 만들어졌다.

제로 음료에는
아스파탐이 많이 들어간다.

하게 된다. 한마디로 박테리아 똥으로 만드는 셈이다. 제로콜라를 마실 때마다 우리는 '똥'을 먹는 셈이다.

한 가지 더 재미있는 사실을 말하며 이 글을 마치고자 한다. 콩 심은 데 콩 나고, 팥 심은 데 팥 나는 것처럼 '똥 심은 데에 자칫하면 똥 날 수 있다.' 이게 무슨 소리냐고? 인공감미료인 아스파탐이나 아세설팜칼륨 등이 들어간 음료나 음식을 과도하게 먹으면 오줌을 지리거나 설사를 한다는 연구 결과가 있다. 궁금하다면 직접 실험해 보기 바란다. 단, 바지에 지릴지도 모르니 기저귀는 차고 먹자.

056 | 코카콜라로 할 수 있는 것들

코카콜라는 음료로 마시는 것 말고 다른 것에도 사용할 수 있다. 사람들이 이미 시도해 본 30가지가 넘는 것들을 소개한다. 따라 해 보는 것에 대해 책임은 못 진다.

철에 슨 녹 제거, 바닥의 기름얼룩 제거, 달팽이 죽이기, 천식 발작 예방, 겨울에 얼어붙은 자동차 앞유리 해동, 자동차 앞유리와 범퍼에 붙은 벌레 사체 제거, 자동차 엔진룸 청소, 프라이팬 세척, 주전자 세척, 해파리에 쏘인 상처 중화, 자동차 배터리 단자 청소, 배탈 및 메스꺼움 완화(김빠진 콜라를 마시면 된다.), 감기 완화(끓인 콜라를 마시면 된

코카콜라로 이렇게나 많은 걸 할 수 있다니,
놀랍지 않나?

다.), 멘토스와 섞어 폭탄 만들기, 딸꾹질 멈추게 하기, 케첩과 섞어서 바비큐 소스 만들기, 돼지고기 수육 만들 때 잡내 없애기, 욕실 타일 청소, 퇴비 만들기, 자연스러운 곱슬머리 만들기, 머리카락에 붙은 껌 없애기, 유리와 도자기의 얼룩 제거, 수영장 청소, 빨래할 때 옷에 묻은 기름때 제거, 피크닉 1시간 전에 돗자리에서 떨어진 곳에 김 빼서 놓기(이렇게 하면 벌들이 콜라에 달려들어 여러분을 공격하지 않는다.), 머리 탈색, 카펫 얼룩 제거, 변기 청소, 태닝 오일, 크롬 광택 내기, 술에 섞어 칵테일 만들기, 그냥 마시기.

057 | 해외여행 가면 꼭 먹어 봐야 할 음식들

세계는 넓고 맛집은 많다. 해외여행을 가는 건 맛있는 음식을 먹기 위함이기도 하다. 그래서 한국인이 많이 가는 여행지에서 꼭 먹어 봐야 할 음식들을 준비했다. 배가 고프지 않더라도 글을 읽다 보면 배고파질 거다. 본토로 날아갈 시간이 없다면 한국에도 이 요리들을 만드는 음식점들이 있으니 참고하자.

스시와 라멘(일본)

긴 말이 필요 없다. 옆나라 일본에 가면 한 번쯤은 꼭 먹게 되는 음식이다. 가끔 '사고'가 일어나긴 하지만 그래도 본토의 손맛이 맛있는 건 어쩔 수 없다.

렌당(인도네시아)

2011년 CNN 선정 '세계에서 가장 맛있는 요리'라고 하니 말 다했다. 마늘과 강황, 레몬그라스, 생강, 고추 등의 향신료를 코코넛 밀크와 섞은 뒤 소고기를 넣고 끓인 요리다. 맛을 본 사람들은 '동남아식 갈비찜'이라고 표현한다.

똠얌꿍과 텃만꿍(태국)

똠얌꿍은 건강에 좋은 허브와 향신료를 잔뜩 곁들인 새우 요리로 태국에서 현지인들이 가장 사랑하는 요리 중 하나다. 텃만꿍은 태국식 다진 새우튀김 요리로 스위트 칠리 소스에 찍어 먹으면 그 맛을 잊을 수 없다.

케밥(튀르키예)

다진 양고기나 해산물, 과일, 채소 등을 강한 불에 굽는 튀르키예 전통 음식이다. 우리나라에서도 이태원에 가면 쉽게 맛볼 수 있다.

포(베트남)

쇠고기나 닭고기로 낸 고기 국물에 넓적한 쌀국수를 말아 먹는 베트남 요리다. 조리법도 간단한데 맛까지 뛰어나다. 열량이 높지 않아서 간편한 한 끼 식사로 최고다. 추울 때 먹으면 몸까지 따뜻해진다.

지파이(대만)

닭가슴살에 후추를 뿌리고 기름에 바삭하게 튀긴 대만식 치킨이다. 대만의 야시장에서 흔하게 맛볼 수 있는 음식인데, 타이중의 '천사 지파이'가 특히 유명하다. 한번 맛보면 여행 내내 먹게 된다. 이외에도 대만은 펑리수, 우육면, 꼬치구이, 화덕만두인 후지아오뼁 등 먹을 게 넘쳐나는 나라다.

피자와 햄버거(미국)

이걸 왜 미국까지 가서 먹느냐고? 미국의 육즙 터지는 수제 버거와

대만의 지파이. 하나 먹으면 식사를 못하니
야식으로 먹고 소화시키자.

괌의 레드 라이스.
그곳에선 흰 쌀밥보다 이거다.

값싸고 양 많은 피자를 먹어 본 사람이라면 납득할 거다. 두 음식을 좋아하는 사람이라면 미국이 천국이라고 느껴질 거다.

레드 라이스(괌)

밥이 빨간색? 괌에서는 밥에 색소를 섞은 빨간 밥을 준다. 얼핏 보면 매콤해 보이지만 그렇게 맵지는 않다.

시식(필리핀)

마트에서 하는 시식이 아니다. 필리핀 대표 철판요리로 돼지 머리고기와 껍데기 등을 채소와 볶아 만든 요리다.

이외에도 여행 가면 꼭 먹어 봐야 할 음식으로 프랑스의 바게트, 이탈리아의 파스타와 에스프레소, 스페인의 빠에야, 마카오의 에그타르트, 중국의 북경오리 등을 추천한다. 이 책에 댓글을 달 수 있다면 여러분이 먹은 맛있는 음식에 대해서도 알 수 있을 텐데. (물론 이 리스트에 영국 음식은 '절대' 포함되지 않는다.)

058 | 세계에서 맛볼 수 있는 이상한 음식 9가지

앞에서 나온 맛있는 음식 때문에 기대감이 높아졌다고? 그렇다면 이번엔 여러분에게 심연을 보여 줄 차례다. 더 말할 것도 없다. 보는 것만으로도 속이 안 좋고 아려 오는 세계의 이상한 음식 9가지를 알아보자. (참고로 괄호 안의 별은 난이도를 의미한다.)

산낙지(한국, ★★★★★)

우리에게는 익숙하지만 외국인들은 굉장히 이상하게 생각하는 음식이다. 하긴, 식감만 놓고 보면 다른 나라 요리에서는 찾아볼 수 없긴 하다.

무스의 코로 만든 편육(캐나다, ★★★★★)

캐나다에서는 무스를 사냥해서 코 안의 털을 제거하고 끓인 뒤 젤리 형태로 만들어 편육을 내놓는다. 콘 비프와 비슷한 맛이 난다. 비주얼도 돼지고기 편육이랑 비슷해서 그렇게 나쁘지 않다.

메뚜기(이스라엘, ★★★★★)

이건 우리나라에서도 예전에 먹는 사람들이 있었다. 못 먹어 봤다고? 구워 먹으면 의외로 맛있다. 단백질 함량이 높으며 유대교 율법에

참치 눈을 그대로 먹는다니….
울고 있는 거 같은데?

타란툴라 거미를
튀겨서 먹는다고요? 이걸?

따른 음식인 '코셔'에도 적합하다.

정어리 파이(영국, ★★★★☆)

영국을 '최악의 음식을 만드는 나라'로 올라서게 한 일등 공신이다. 생선 머리가 보이게 굽는데 도대체 왜 저렇게 보이게 하는지 알 수 없다. 괴랄한 비주얼 덕분에 맛이 -9는 된다.

참치 눈(일본, ★★★★☆)

일본에서는 의외로 쉽게 구할 수 있는 요리 재료다. 조리하면 오징어 같은 맛이 난다고 하는데 참치가 울면서 나를 쳐다보는 것 같아 못 먹겠다.

발루트(필리핀, ★★★★☆)

수정된 지 2~3주 된 오리알을 껍질째 삶은 요리다. 필리핀 길거리 음식의 일종으로 숙취 해소를 위해 많이 먹는다. 맛은 나쁘지 않지만 비주얼이 썩 좋진 않다.

카수 마르주(이탈리아, ★★★★★)

치즈 좋아하는가? 좋아한다고? 그럼 살아 있는 구더기가 가득한 치즈는? 놀랍게도 카수 마르주는 이탈리아에서 맛볼 수 있는 '썩은 치즈'다. 이 치즈는 유통기한이 지난 치즈에 파리가 알을 까게 하고, 구더기가 부드러운 크림치즈를 만들도록 한다. 살아 있는 구더기를 보면서 치즈를 먹어야 한다니, 난이도가 상 중의 상이다.

튀긴 타란툴라(캄보디아, ★★★★★)

크메르루주 정권 하에서 피폐한 삶을 살았던 캄보디아인들은 독거미 타란툴라를 튀겨서 먹기 시작했다. 놀랍게도 캄보디아인들은 이걸 먹는 걸 즐긴다고 한다. 우욱… 여러분은 먹을 수 있나요?

모파니 웜즈(남부 아프리카, ★★★★★)

남부 아프리카 지역에서는 황제나방의 애벌레를 식용으로 쓴다. 칼슘, 단백질, 철분이 많이 함유되어 있다는데, 이건 베어 그릴스에게 넘기고 그만 알아보자. 속이 안 좋으니….

059 | 더울 때 먹는 냉면과 관련된 우리가 몰랐던 사실들

냉면 좋아하는가? 냉면은 여름이면 꼭 찾게 되는 음식이다. 특히 폭염으로 지쳤을 때 더위를 가시게 해 주는 고마운 존재다. 그런데 의외로 이 냉면에 대해 생각보다 잘 모르고 있다는 사실, 알고 있는가?

냉면에 숨은 여러 가지 사실이 있지만 재미있는 것 몇 가지만 추려 봤다. 우선 냉면은 고려 중기에 평양에서 처음 등장했으며(평양냉면이 기본인 이유가 있었네.) 조선시대에도 많은 사랑을 받았다. 그러니까 역사가 오래된 '근본' 그 자체인 셈이다. 참고로 조선 고종 황제도 냉면을 좋아했는데, '배달의민족'답게 배달시켜서 먹었다고 한다. 그 당시에는 오토바이로 배달이 불가능했으니 조금 불은 냉면을 먹었겠지만….

조선시대에는 '선주후면'이라는 말도 있었다. 무슨 뜻이냐고? 술을 먼저 마시고, 면으로 마무리한다는 것이다. 원래 이는 평양에서 손님이 오면 술을 대접하고 그다음에 메밀국수를 대접하는 습관에서 유래했는데, 술

선주후면이다. 술 먹고 집에 들어가서 냉면 달라는 이야기가 아니다.

고명으로 들어간 무가
독소를 중화시켜 준다.

을 마시면 열이 올라오니 냉면
으로 이를 식힌다는 것이다.
술 해장에 냉면이 최고라는 말
처럼 들린다.

이렇게 꾸준히 사랑받아 온
냉면에는 고명으로 무가 들어
간다. 양파도 아니고 마늘도
아니고 왜 무일까? 면의 주 성
분인 메밀에는 약간의 아미노
산 독소가 들어 있어서 메밀을 많이 먹으면 배탈이 나게 되는데 고명
으로 올라간 무가 이러한 독소를 분해시켜 주는 역할을 한다. 메밀소
바를 주문하면 간 무가 나오는 것도 이 때문이다. 역시 아무렇게나 막
올리는 게 아니었다.

냉면은 가위로 자르는 것보다 그냥 먹는 게 더 나은데 메밀면을 입
으로 끊어 먹어야 진정한 메밀의 맛을 느낄 수 있기 때문이다. 가위를
쓰면 철 성분이 메밀면을 산화시켜 맛이 변한다. 이 정도면 냉면 먹을
때 맛이 배가되는 사실들, 맞지?

060 | 어떤 게 원조인지 헷갈리는 식품 5가지

분명 이름도 같고 모양새도 비슷한데 다른 회사에서 만든 제품인 경우가 있다. 그럴 때 우린 항상 2개를 놓고 뭐가 먼저 나왔는지 고민하게 된다. 과연 어떤 게 오리지널일까?

빙그레 메로나 / 서주 메론바

빙그레가 1992년에 메로나를 출시했고, 서주가 2014년에 메론바를 출시했으니까 먼저 나온 건 메로나다. 둘이 보면 포장이 꽤 비슷하다. 그래서 빙그레가 서주에게 소송을 걸었지만, 재판에서 '메론색은 포장지에 누구라도 사용할 수 있다.'고 판결이 났다.

채터누가 문파이 / 오리온 초코파이 / 롯데, 해태, 크라운 초코파이

오리온이 1974년에 초코파이를 내놓고, 롯데는 1978년, 해태는 1986년, 크라운은 1989년에 똑같은 이름의 과자를 내놓았다. 가장 먼저 초코파이를 내놓은 오리온은 나머지 회사들에게 이름을 쓰지 말라고 소송을 걸기도 했다. 그런데 사실 오리온이 내놓은 초코파이는 1917년 미국 채터누가에서 처음 만든 '문파이'가 오리지널이다. 소송이 의미가 있나?

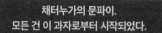

채터누가의 문파이.
모든 건 이 과자로부터 시작되었다.

메이지의 키노코노야마.
'버섯산'이라는 뜻이다.

가루비 에비센 / 농심 새우깡

'손이 가는' 바로 그 과자, 농심의 새우깡은 1971년에 출시되어 국민
과자로 사랑받고 있다. 그런데 사실 이 과자는 1964년에 출시된 일본
가루비의 에비센이 원조다. 참고로 '한국 김맛' 에비센도 나오는데 의
외로 맛있다.

메이지 키노코노야마 / 오리온 초코송이

초코송이가 언제 출시되었는지 아는가? 1984년이다. 키노코노야마
는 9년 앞선 1975년에 세상에 나왔다. 주름진 우산 모양의 초콜릿 같
은 과자 디자인이나 포장도 유사하다. 먹어 본 바로는 키노코노야마가
더 달고 깊은 맛이 난다.

TC 제약 끄라팅 댕 / 레드불

'날개를 달아 주는' 그 음료수도 사실은 원조가 있다. 태국의 TC제약
회사가 개발한 끄라팅 댕이 원조다. 재미있게도 레드불도 '빨간 황소',
끄라팅 댕도 '빨간 황소'란 뜻이다.

국내에서 이온 음료 판매량 1등이 뭔지 아는가? 바로 포카리스웨트다. (그다음으로 잘 나가는 건 파워에이드와 게토레이다. 2023년 기준) 많이 먹어 봤을 텐데 포카리스웨트라는 이름이 도대체 무슨 뜻인지 감이 안 잡힐 것이다. '스웨트'는 땀이라는 뜻이지만 '포카리'라는 단어는 사실 아무 의미가 없다. 일본어로 밝은 느낌을 주기 때문에 그냥 아무거나 갖다 붙인 것이다.

포카리스웨트가 처음 나왔을 때에는 인기가 없었다. 자몽맛을 첨가해 씁쓸한 맛이 났기 때문이다. 다른 이온 음료와 달리 설탕을 없앤 이

참고로 일본에서는 포카리스웨트를 가루 형태로도 판다.

온 음료를 만들겠다며 야심차게 내놓았지만, '최악의 맛'이라는 평가를 받기도 했다. 하지만 차차 사람들이 이 맛에 적응했는지 인기를 끌게 되었다.

포카리스웨트가 인기를 얻게 된 건 '블루와 화이트' 색깔도 큰 몫을 했는데, 재미있게도 파란색은 식음료 기업에게는 기피 색상이다. 파란색이 식욕을 떨어트리기 때문이다. 하지만 포카리스웨트를 구매하는 소비자들이 이 색깔을 청량함과 시원함의 대명사로 생각하기 시작하면서 포카리스웨트는 큰 인기를 끌었다. 화가 복이 된 '전화위복'의 대표적인 사례 아닐까?

많은 사람이 아침 식사로 즐기는 켈로그의 콘플레이크 시리얼은 바삭할 때도 맛있고 눅눅할 때도 맛있다. 이 간편한 음식이 '성욕 억제'를 위해 만들어졌다는 사실, 알고 있었나? 이걸 발명한 사람은 미국의 내과의사인 존 하비 켈로그인데 음식을 통해 사람들의 건강과 도덕성을 관리할 수 있다고 믿었던 사람이다.

켈로그 박사는 고기나 '맵단짠'의 맛있는 음식들이 사람들의 성욕을 자극해 도덕적 타락으로 이끈다고 생각했고, 이런 음식을 먹고 성욕이 충만해져 성관계를 하는 사람들이 질병에 쉽게 걸리고 건강한 몸을 갖지 못한다는 이상한 결론을 냈다. 그래서 고안해 낸 것이 바로 순수하고 자극적이지 않은 음식, 즉 설탕이나 초콜릿이 없고 섬유질이 풍부해 몸과 마음을 건강하게 만들어 줄 콘플레이크였다.

그가 생각하기에는 이 '담백한' 시리얼이야말로 성욕을 억제하고 정신을 맑게 해 줄 완벽한 식사였다. 뭐, 켈로그 박사 본인도 '도덕책' 그 자체로 살았다고 하니 언행일치라는 건 확실히 알 수 있겠다만, '인생의 재미가 있긴 할까?'라는 의문이 드는 건 어쩔 수 없다.

콘플레이크가 만들어진 에피소드도 재미있다. '도덕적'인 음식을 만들기 위해 켈로그 박사는 동생인 윌 켈로그에게 이 음식을 만들 방법을 찾아 달라고 부탁했다. 여러 레시피를 시도해 보던 윌은 우연히 밀

콘플레이크는 원래 성욕 감퇴 음식이었다.
원래대로였다면 끔찍하다.

콘플레이크는 설탕이 들어간 덕분에
아침 식사로 사랑받게 되었다.

가루 반죽이 건조되어 생긴 '플레이크'를 발견하고, 이걸 '요리하고 조리해서' 콘플레이크를 탄생시켰다.

　이후 콘플레이크는 많은 인기를 얻게 되었는데, 다행히도(?) 켈로그 박사의 의도처럼 사람들이 도덕적인 삶을 살기 위해서는 아니었다. 사람들이 콘플레이크를 좋아하게 된 건 단순히 아침에 간편하게 먹을 수 있기 때문이었다. 존의 동생 윌이 형의 의견을 무시하고 설탕을 넣은 콘플레이크를 내놓으면서 이 간편식은 사람들의 아침 식사로 사랑받게 되었다. 하마터면 설탕 안 넣은 맛없는 콘플레이크를 먹게 될 뻔했다.

063 | 샌드위치 백작의 이야기가 거짓말일 수도?

샌드위치를 싫어하는 사람이 있는가? 빵 사이에 뭔가를 끼워 먹는 이 음식은 간편한 한 끼 식사로 인기가 많다. 편의성 면에서 이길 음식이 없으니 바쁜 현대인들에게 최적의 음식 중 하나다.

뜬금없이 존 몬태규라는 영국 귀족 이야기를 해야겠다. 누군지 모르겠다고? 18세기에 살았던 '샌드위치 백작'이다. 그가 카드 도박에 열중한 나머지 밥 먹을 시간도 아까워서 빵에 고기를 끼워 먹었다는 건 이미 유명한 이야기다. 참고로 이 음식을 샌드위치로 부른 최초의 공식적인 기록은 영국의 역사가 에드워드 기번이 1762년에 기고한 글이다. 거기에 "2명의 멋진 귀족이 샌드위치를 먹고 있다."는 내용이 있다.

그런데 샌드위치 백작 이야기가 거짓말이라면? 샌드위치 백작은 영국 명문가에서 자란

존 몬태규. 일명 샌드위치 백작이다.
전해지는 것처럼 도박중독자는 아니었다.

귀족으로 매우 성실한 사람이었다. 그런 사람이 노름에 빠져 가산을 탕진할 정도였다는 건 잘 상상이 되지 않는다. 역사가들 중에는 '번듯한' 그에게 정적이 많았기 때문에 이미지를 깎아내리기 위해 이런 소문이 생겨났다고 믿는 사람도 많다. 샌드위치 백작이 노름을 하다가 먹은 게 사실이 아니라면 이제 샌드위치를 뭐라고 불러야 하나? 고광렬? 고니? 호구처럼 정적들에게 당했으니 '호구'라고 부르는 것도 나쁘지 않겠다.

064 | 옆집 아저씨 선정 '세계에서 가장 맛이 이상한 음료수'

'더럽게 맛없는' 음료수를 하나만 꼽으라면 아마 이 음료수가 선정 되지 않을까 싶다. 바로 미국에서 나온 탄산음료인 닥터 페퍼다. 알 수 없는 오묘한 맛 덕분에 '닥터 페퍼 신드롬'이라는 단어까지 나왔다. (사 실 아직도 무슨 맛인지 잘 모르겠다.)

코카콜라와 펩시 그리고 닥터 페퍼의 공통점은 바로 약국에서 시작 되었다는 거다. 미국 텍사스에서 약사인 찰스 앨더턴이 닥터 페퍼를 만들었다. 코카콜라와 펩시가 1890년대에 탄생했는데, 닥터 페퍼는 그 보다 조금 앞선 1885년에 탄생했다. 닥터 페퍼가 코카콜라나 펩시에 비해 인기는 덜하지만 가장 역사가 오래된 탄산음료라는 건 확실하다.

닥터 페퍼를 왜 먹는지 모르겠다고?
의외로 마니아층이 있다.

닥터 페퍼에 자두는 안 들어간다.
제조사 오피셜이다.

닥터 페퍼에는 다른 음료에서는 느낄 수 없는, 뭐라고 표현해야 할지 모를 맛이 있다. 자두맛을 느끼는 사람도 있는 것 같다. 왜냐하면 1930년대부터 닥터 페퍼에 '자두 주스가 포함되어 있을 것 같다.'라는 루머가 퍼졌기 때문이다. 하지만 닥터 페퍼 제조사는 제품의 독특한 향은 23가지의 재료를 조합해서 만들어진 것이고, 자두 주스는 들어가지 않는다고 못 박았다. 다른 회사들과 마찬가지로 역시 정확한 제조 방법은 비밀이다. 이 레시피도 코카콜라처럼 금고에 들어 있는 건 아니겠지?

모든 위스키가 천연 성분으로만 만들어진다고 생각하는가? 전혀 그렇지 않다. 어떤 위스키는 좋은 맛과 모습을 내기 위해 인공 원료가 들어가기도 한다. 심지어 위스키를 맛있어 보이게 하기 위해 '염색'하는 회사도 있을 정도다. 이게 무슨 소리냐면 색을 갈색으로 만들어 주는 원료를 넣어 위스키가 더 맛있어 보이게 하는 것이다. 물론 여기서 설명할 맥캘란은 오랜 기간 숙성시켜서 자연적으로 그 색을 낸다. 맥캘란은 싱글 몰트 위스키로 높은 품질의 원료를 사용해 마니아들에게 사랑받고 있다.

고급 위스키의 대명사로 불리는 맥캘란은 학교 선생님 덕분에 만들어졌다. 창립자인 알렉산더 레이드는 위스키를 만드는 장인이자 농부이자 학교 선생님이었는데 1824년에 그가 스코틀랜드에 위스키 증류소를 설립해 맥캘란을 만들기 시작하면서 그 역사가 시작되었다. 이런 독특한 이력을 가진 창립자 덕분에 맥캘란은 '선생님이 만든 술'이라는 별명을 얻었다.

선생님이 만든 술답게 맥캘란은 투자 수단의 '도덕책'과도 같은 존재다. 주식이나 코인, 금 말고 맥캘란도 훌륭한 투자 수단이 될 수 있다. 이미 위스키 마니아들 사이에서는 맥캘란이 훌륭한 수익률을 가져다준다는 이야기가 널리 퍼져 있다.

맥캘란은 선생님이 만들었다. 그렇다고 해도
학교에서 수업 들으면서 마실 순 없다.

2012년 맥캘란 라리끄가 46만 달러에
낙찰됐다. 의외로 괜찮은 투자인데?

과거에 생산된 맥캘란은 2012년 한 경매에서 46만 달러, 한화로 5억 원이 넘는 돈에 팔렸고, 스위스의 한 호텔에서는 맥캘란 한 잔이 1,000만 원이 넘는 가격에 판매되었다. 물론 오래오래 숙성시킨 위스키이긴 하지만 이 정도면 남는 장사 아닌가? 매번 다양한 한정판을 내놓는다고 하니 괜찮다 싶으면 투자 수단으로 한 병 사 두는 것도 나쁘지 않겠다.

그렇다고 해서 누가 맥캘란 30년산을 무료나눔한다고 글을 올리면 절대 가면 안 된다. 이 무료나눔을 받으려면 담배도 피면 안 되고, 간이 건강해야 하며, 타지에서 혼자 외로워야 한다는 전설이 있다. 이 정도면 무료나눔이 아니고 '장기밀매'니까….

스텔라 아르투아는 편의점과 마트에서 흔하게 볼 수 있는 수입 맥주다. 재미있게도 스텔라 아르투아는 모국인 벨기에에서는 그다지 인기가 없다. 해외에서 오히려 인기가 더 많고, 벨기에에서의 점유율은 낮은 편이다. 마치 국내에선 인기가 없지만 해외 팬미팅은 매진 행렬인 아이돌 그룹과 마찬가지랄까? 벨기에의 국민맥주는 '주필러'로 2017년 기준 35% 정도의 시장 점유율로 1등이고, 스텔라 아르투아는

스텔라 아르투아는 '가정 폭력범'이었다.
물론 지금은 아니다.

고작 6.5%밖에 되지 않는다.

　스텔라 아르투아가 가장 많이 사랑받는 해외 국가 중 하나는 영국
이다. 재미있게도 과거 영국에서 스텔라 아르투아의 이미지는 그다지
좋지 않았다. 당시 영국에서 팔린 맥주들은 대부분 도수가 4도 이하였
던 반면 스텔라 아르투아는 5.2도로 맥주치고는 높은 도수를 자랑했
다. 그런데 도수가 높은 이 맥주를 마시고 취해 아내를 때리는 남자들
이 늘어 스텔라 아르투아는 'Wife Beater', 즉 '가정 폭력범'이라는 불명
예스러운 별명을 얻었다. 물론 지금은 대중적인 맥주로 사랑받고 있
다. 아마 이걸 먹고 와이프를 때린 사람들이 모두 감옥에 수감되었기
때문이 아닐까 하는 합리적인 의심을 해 본다.

067 | 상추 먹으면
진짜 졸릴까?

상추는 고기 먹을 때 빠지지 않는 쌈채소다. 그런데 상추 하면 한 가지가 떠오른다. 바로 '상추를 먹으면 졸리다.'는 이야기다. 아마 논쟁의 여지가 많은 주제일 텐데 누구는 먹고 졸렸다고 하고, 또 다른 누구는 하나도 안 졸리다고 한다. 이거 진짜일까?

이 질문에 대한 답은 '네'이긴 하나 완벽한 '네'는 아니다. 일반적으로 상추의 잎이나 줄기에서 나오는 락투카리움이라는 특수한 성분이

먹으면 졸린 상추는 따로 있다.
괜히 실험해 보겠다고 마트에서 파는 상추 먹으면 시간 낭비다.

진정, 최면, 진해의 효과가 있어서 상추쌈을 먹고 나면 졸음이 오는 건 맞다. 하지만 상추 품종에 따라 락투카리움의 함유량이 다르다. 시중에서 흔하게 접할 수 있는 상추 품종에는 락투카리움의 함량이 적은데, 이 성분이 쓴맛을 내기 때문에 최대한 품종을 개량하면서 쓴맛을 제거하다 보니 그렇게 됐다. (이거 실험해 본다고 필자가 대학생 때 상추 20장을 먹었는데도 잠이 안 왔던 이유가 있었다.) 하지만 최근 유통되는 '흑하랑'이란 품종은 일반 상추보다 수면 유도 성분이 124배나 많아서 불면증 치료제의 원료로 주목받고 있다고 하니 궁금한 사람들은 한 번 먹어 봐도 되겠다.

CHAPTER 6

마니아도 99% 모른다?!

스포츠

축구, 농구, 야구, 배구가 지겹다고? 전 세계에서 사람들이 즐기는 스포츠는 8,000가지가 넘는다. 그중에서 듣도 보도 못한 새로운 운동들을 고르고 골라 다음 목록으로 정리했다. 대부분 비교적 최근에 만들어져서 역사가 짧고 아는 사람이 드물다. 혹시 아나? 열심히 하다 보면 국가대표 선수가 될 수 있을지…. 원래 먼저 하는 사람이 임자다.

플로보드

서핑, 스노보드, 스케이트보드의 요소를 결합한 스포츠로 20세기 후반에 만들어졌다. 인공파도 위에서 서핑을 하는 것처럼 물 위를 미끄러지며 다양한 기술을 선보이는 종목이다. 실내에서도 즐길 수 있어서 서핑보다 접근성이 좋다.

슬랙라인

나무나 기둥 사이에 팽팽하게 묶은 줄 위를 걷거나 점프하며 다양한 균형 감각 기술을 선보이는 운동이다. 줄을 타면서 다양한 트릭과 묘기를 부릴 수 있다. 이 종목을 요가와 결합한 '슬랙라인 요가'도 있다. 놀랍게도 이 운동은 독일의 한 형제가 한국의 외줄타기에서 영감을 받아 만들었다.

버블 사커는 축구인데 보호장구가 빵빵한 축구다.
이건 좀 재밌겠는데? 부상 위험도 낮고 말이다.

버블 사커

축구 같으면서 축구 아닌 운동이다. 축구와 같이 발로 공놀이를 하고 축구의 규칙을 따르지만 선수들이 몸에 큰 공 같은 버블을 입고 경기를 하기 때문에 과격한 몸싸움에도 부상을 당하지 않을 수 있다. '조기축구회 특별 이벤트' 각이다.

칸잼

플라스틱 통 2개와 플라잉 디스크만 있으면 즐길 수 있는 간단한 팀 스포츠이다. 목표는 플라잉 디스크를 던져 상대팀의 통에 맞히거나 통 속에 넣는 거다. 쉬운 규칙 덕분에 어린이부터 노인까지 쉽게 즐길 수 있다.

익스트림 아이어닝

말 그대로 '익스트림'한 '다림질' 대회다. 규칙은 험난한 산꼭대기, 폭포 근처 등 다양한 환경에 다림질 판을 들고 가서 그곳에서 다림질을 하면 된다. 무려 세계선수권 대회도 열렸다.

다림질만 잘해도 금메달리스트다.
하지만 폭포 근처에서 하는 다림질은
옷이 젖어서 쉽지 않다.

풋골프

말 그대로 풋볼과 골프 두 종목을 합친 스포츠다. 축구공을 차서 골프할 때처럼 컵에 넣으면 된다. 골프채는 사지 않아도 되니까 돈 굳겠다.

069 | 축구 선수들의 세리머니에 숨은 심리학적 비밀

'신두형' 호날두는 호우를 외치고, 음바페는 겨드랑이에 양손을 끼운다. 바로 축구 경기에서 득점한 후 이를 기념하기 위해 하는 '세리머니'다. 혼자 하든, 같이 하든 골을 넣으면 세리머니는 필수다.

그런데 이런 세리머니에도 심리학적인 비밀이 숨어 있다는'걸 알고 있는가? 스포츠 심리 전문가들이 선수들의 세리머니를 분석한 바에 따르면, 혼자 멋진 세리머니를 하는 선수일수록 축구 경기에서 이기적으로 행동할 가능성이 크다고 한다. 이런 선수들은 축구가 팀플레이임을 잊고 스스로의 능력을 맹신하는 경향이 있을 수 있다. 그리고 이전에 했던 세리머니를 계속 한다면 아마도 그 선수는 관심을 끌려는 성향이 강한 인물이다. (월클'신두형'은 여기에 해당한다. 뭐, 일주일에 57억 원씩 벌어들이면 그런 생각이 안 들 수 없을 것 같다.)

반면 구성원이 모두 모

세리머니에도 심리학이 숨어 있다. 혼자 세리머니를 하는 사람은 혼자 축구할 가능성이 높다.

역시 축구 세리머니는 다 같이 해야 제 맛이다.

여 다 같이 득점을 축하하는 팀은 서로 협력이 잘 이루어지고 있는 팀일 가능성이 높다. 그리고 그날 좋은 결과를 내는 선수가 다른 선수들에게 긍정적인 영향을 미칠 가능성도 높아진다. '정서적 전염' 때문인데, 한 사람이 기분 좋은 상태가 되면 다른 사람들도 기분이 좋아지는 걸 생각하면 된다. 좋은 결과가 나왔을 때 나의 업적으로만 생각하지 않고, "같이 열심히 뛰어 준 선수들 덕분에 이렇게 됐습니다." 하고 그 공을 돌리면 당연히 득점한 선수 말고 다른 선수들도 좋은 기운을 받을 가능성이 높아지지 않을까?

이렇게 좋은 감정이 팀에게 '전염'되어서일까? 승리하는 팀은 패배하는 팀보다 세리머니를 할 때 팀원들이 서로 끌어안으며 신체 접촉을 하는 경우가 50% 더 많다고 한다. 세리머니가 확실히 좋긴 좋은가 보다. (하지만 잔디 먹는 세리머니는 하면 안 된다. 그 이유는 뒤에서 얘기할 '운동 경기 중에 발생한 웃지 못할 이야기들'에서 확인할 수 있다.) 앞으로 조기 축구회 세리머니는 모두 모여서 끌어안는 걸로 합시다.

스포츠와 관련된 어이없고 요상한 기록

스포츠의 세계에서 경쟁자들과 '이전의 나'의 기록을 깨기 위해 고 군분투하는 선수들은 수도 없이 많다. 근데 이건 좀 이상한 기록인데?

1분 동안 목으로 농구공 잡기

길거리 농구 선수로 유명한 루이스 다 실바 주니어는 1분 동안 목으 로 24개의 농구공을 잡으며 기네스북 신기록에 올랐다.

세계에서 가장 규모가 큰 가위바위보 토너먼트

2008년 미국 유타주의 브리검영대학교에서 793명이 참가한 가위

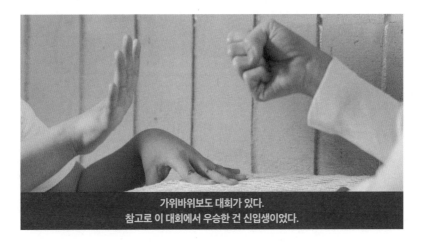

가위바위보도 대회가 있다.
참고로 이 대회에서 우승한 건 신입생이었다.

러닝머신에서 405km를 달린 사람이 있다고 여러분도 따라 하면 안 된다.
러닝머신에서 넘어지면 아프다.

바위보 대회가 지금까지 제일 규모가 큰 대회였다. 『도박묵시록 카이지』가 생각나는 순간이다.

한 축구 경기에서 가장 많이 나온 레드카드

2011년 2월에 열린 아르헨티나 프리메라 D리그에서 아틀레티코 클레이폴과 빅토리아노의 경기에서 무려 36명이 퇴장을 당했다. 11+11는 22인데 나머지 14명은 어디서 나온 거지?

러닝 머신 위에서 가장 오랫동안 달리기

아일랜드 출신 토니 망간은 러닝머신 위에서 이틀 동안 405km 정도를 꼬박 달렸다. 이 사람과 같은 헬스장을 다니면 러닝머신은 못 쓴다고 보면 된다.

과일 옷과 채소 옷을 입고 마라톤 신기록 세우기

영국의 샐리 오렌지는 오렌지 의상을 입고 4시간 32분 28초 만에 런던에서 마라톤을 완주했다. 같은 대회에 참가한 로버트 프로테로는 당근 의상을 입고 3시간 34분 55초 기록을 세웠다.

가장 나이가 많은 여성 보디빌더

미국 볼티모어주에 사는 어니스틴 셰퍼드는 56세에 보디빌딩을 시작했고, 74세에도 보디빌딩 대회에 참가하면서 기네스북 최고령 여성 보디빌더 기록을 세웠다.

메이저 골프 대회에서 가장 긴 퍼트

1992년 PGA 챔피언십에서 닉 프라이스는 33.5m(110피트)에 달하는 거리에서 퍼팅에 성공했다. 유도 미사일 수준이다.

하키 경기에서 최대 점수 차이

슬로바키아 여자 하키팀은 2008년 올림픽 예선전에서 불가리아를 82-0으로 이겼다. 불가리아 선수들은 1점도 득점하지 못하는 동안 무슨 생각이 들었을까?

달리기는 가장 간편하게 할 수 있고, 어디서나 할 수 있는 운동이다. 최근 들어 도시와 한강을 달리는 러닝 크루가 젊은 층 사이에서 늘어나는 것도 마음만 먹으면 가장 쉽게 할 수 있는 운동이기 때문일 것이다. 돈이 없어도 되고, 남녀노소를 막론하고 누구나 할 수 있으며, 장소의 제약도 없다시피 하다.

그런데 여러분은 달리기를 얼마나 잘하고 있는가? 달리기를 하는 사람은 많은데 대부분의 사람이 잘못 뛰고 있다고 하면 좀 놀라려나? 아마 한강공원에서 달리기하는 사람들을 붙잡고 제대로 된 달리기를

설렁설렁 달리기할 때 제일 좋은 건
발바닥 가운데로 착지하는 거다.

하는지 확인해 보면 10명 중 1명 정도만 올바른 자세로 달리기를 하고 있을 거란 생각이 든다.

달리기를 할 때는 뒤꿈치로 발을 디디면 안 된다. 뒤꿈치로 발을 디디는 걸 '힐 스트라이크'라고 하는데 이렇게 달리면 무릎이나 골반, 허리에 충격이 많이 가고 에너지 소모도 많아져 쉽게 지친다. 가벼운 조깅을 할 때는 발 중간으로 착지하는 '미드풋' 달리기로, 100m 달리기처럼 빠른 속도로 질주를 할 때는 앞꿈치 쪽으로 발을 내딛는 '포어풋' 달리기가 훨씬 더 좋다고 알려져 있다. 이제 알았으니까 그만 누워 있고 나가서 좀 뜁시다.

피파에서는 선수들에게 많은 상을 준다. 월드컵에서 가장 많은 득점을 하는 선수에게 주는 골든부트, 대회 최우수 선수에게 주는 골든볼, 가장 철벽 수비를 한 골키퍼에게 주는 골든글러브…. 축구는 선수도 많고, 포지션도 많고, 상도 많다. 그중에서도 우리의 눈을 사로잡는 상이 하나 있다. 매년 1명의 축구 선수에게만 주는 푸스카스상이다. 1년 동안의 모든 골 중에서 가장 화려하고 멋진 골을 기록한 선수에게 주어지는 상이다. 한마디로 '피파가 선정한 올해의 골'이다.

푸스카스상 후보 골들을 보면 한 가지 공통점이 있는데, 마치 공이 마법에 걸린 듯이 말도 안 되는 궤적으로 날아가 골대 안으로 스르륵 빨려 들어간다. 보고 있으면 '우와'라는 탄성이 저절로 나오는 건 어쩔 수 없다. 이 정도는 되어야 상을 받을 수 있다는 걸 확인해 보고 싶다면 유튜브에서 검색해 보면 된다. (『해리포터』 영화에서처럼 책에 움직이는 그림을 싣지 못하는 게 아쉬울 따름이다. 그럼 여러분의 수고를 덜어 줄 수 있을 텐데….)

그런데 가끔은 이 멋진 장면들이 계획적으로 만들어진 것 같지 않다는 생각이 든다. 예를 들어, 2012년 푸스카스상을 수상한 미로슬라프 스토크의 골을 보면 (물론 멋있긴 하지만) 힘도 안 들이고 대충 찬 느낌이다. 철저하게 각도를 재고 쏜 것 같진 않지만, 누가 골대로 밀어

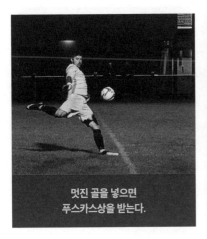

멋진 골을 넣으면
푸스카스상을 받는다.

엉덩이로 골을 넣은 선수가
푸스카스상을 받는 건 보고 싶지 않다.
투표할 때 장난 좀 그만 칩시다.

넣은 것처럼 스르륵 빨려 들어가는 게 '레전드'다.

　참고로 푸스카스상을 결정하는 데는 팬 투표가 큰 역할을 한다. 전문 심사위원의 점수가 50%, 팬 투표가 50%의 비중으로 평가된다. 여기서 웃긴 점은 팬들이 멋진 골을 고를 때, 꼭 기술적인 완벽함만을 고려하지 않는다는 것이다. '파맷 첵스 투표 사건'처럼 웃긴 골에 장난으로 투표하는 사람들도 분명 존재한다. 그렇게 되면 조만간 엉덩이로 골을 넣고 상을 받는 선수들도 생겨나지 않을까?

진중한 승부의 순간이지만 가끔은 경기 중에 황당하고 웃긴 일들이 발생한다. 스포츠 경기를 볼 때마다 너무 진지해지는 타입이라면 이 책을 읽으며 마음껏 웃어 보자.

여긴 애견카페가 아닙니다

2017년 아르헨티나 프로 축구 리그 경기 중에 강아지 한 마리가 난입했는데, 축구선수들보다 현란한 드리블을 선보이며 경기를 방해했다. 나중에 방송사에서 인터뷰를 위해 마이크를 들이밀었는데 이 강아지가 마이크를 '씹고 뜯고 맛보고 즐기며' 실패로 끝이 났다.

골대를 잘못 찾으신 것 같은데요?

1995년 벨기에 프로축구 안더레흐트와 헤르미날 에케런의 경기는 3-2로 안더레흐트의 승리로 끝났다. 놀랍게도 그날 안드레흐트의 모든 득점은 에케런의 수비수 스탠 반덴뷔스가 넣은 자살골 해트트릭이었다. 저기… 골대는 이쪽이 아니라 저쪽인데요?

경기 중에 화장실 가도 되나요?

테니스 선수 중에 경기 중에 화장실을 자주 가는 꼼수로 악명 높은 선수가 있다. 바로 그리스의 스테파노스 치치파스다. 경기가 한창일 때 급하게 화장실을 다녀오느라 게임을 중단시킨 게 여러 번이다. 참고로 변비는 절대 아니고, 화장실에서 코치 혹은 아버지에게 작전 지시를 받았다고 한다. 꼼수 쓰지 마라.

한국식 '메리 포핀스'

이게 메리 포핀스다.

우산 펼친 아줌마 아니냐고? 맞다. 하지만 한국식 '메리 포핀스'는 무려 아저씨다. 2024년 7월 19일 잠실에서 열린 LG와 두산의 야구 경기 도중 취객이 우산을 펼치고 난입해 달리기를 시도했다. 아마 하늘로 날아가기 위해 우산을 펴고 달린 것 아닐까?

미국과 중국의 승리를 향한 처절한 싸움

정치 이야기 같겠지만 무려 농구 이야기다. 2011년 미국 조지타운대학교 농구팀과 중국 프로팀인 베이 로켓츠 선수들의 경기 중에 패싸움이 일어났다. 미국 선수가 공을 빼앗자 갑자기 중국 선수들이 몰려들었고, 벤치에 있던 선수들까지 다 뛰어나와 패싸움이 발생했다. 먼저 때리는 것도 참 '중국'스럽다.

배가 고파도 잔디는 먹으면 안 됩니다

2023년 카타르 아시안컵 때 이라크와 요르단의 경기에서 이라크의

잔디 먹다가 퇴장이라니….
세리머니는 상대방을 약 올리지 않는 걸로 해야겠다.

공격수 아이만 후세인은 후반 31분 팀에 승리를 안겨 주는 2-1 역전골
을 넣었다. 기쁨에 취한 나머지, 잔디를 주워 먹는 세리머니를 하다가
옐로카드를 받고 경고 누적으로 퇴장당했다. 세리머니하는 데 시간을
너무 지체한 게 이유였다.

올림픽에서 연날리기가 폐지된 이유

원래 연날리기도 올림픽 종목이었다. 하지만 1900년 파리 올림픽
에서 연날리기 대회가 열린 날, 강한 돌풍 때문에 선수들이 준비한 연
이 모두 날아가 버려 대회 진행이 불가능했다. 결국 연날리기 종목은
폐지되었다.

운동선수들이 믿는 이상한 미신들

사실 미신은 말이 안 된다는 걸 잘 알고 있다. 하지만 중요한 순간이 다가왔을 때 습관처럼 어떤 행동을 하며 좋은 결과를 기대하는 건 오랜 전통이다. 특히 승리를 누구보다 원하는 스포츠 스타들은 때로는 '괴상한' 미신을 믿어 우리를 놀라게 하기도 한다.

보디페인팅

중국의 프리스타일 스키 선수 아이링 구는 2020년 청소년 올림픽에서 손바닥에 고양이 그림을 그리고 우승했다.

가장 오른쪽

독일의 축구 선수 마리오 고메스는 경기 전에 화장실에 갈 때 되도록이면 가장 오른쪽에 있는 소변기를 사용한다.

콧수염을 그리고 금메달이면 4년에 한 번 정도는 할 만하다.

콧수염 그리기

체코의 스노보드 선수 에바 삼코바는 2014년 소치 동계 올림픽에서 금메달을 땄을 때 콧수염을 그려 넣고 대회에 나왔다. 참고로 이 선수는 여자다.

치느님 영접

미국의 야구 선수 웨이드 보그스는 시합 전날에 항상 닭고기를 먹었다. 치킨부터 닭고기조림까지 모두 섭렵한 그를 두고 동료는 '치킨 맨'이라는 별명을 붙여 주었다. 닭고기의 힘으로 그는 미국 메이저리그에서 뛰어난 성적을 내며 은퇴 후에 명예의 전당에 이름을 올렸다.

토스트와 와인, 주유소

스페인의 축구 선수 페페 레이나는 실력 있는 골키퍼다. 그는 경기 전날에 '무적권' 햄 2장과 치즈 토스트, 와인 한 잔을 마신다. 영국의 리버풀에서 선수로 뛸 때는 경기 전날 자기 차에 기름을 가득 채웠다.

기름을 채워야 든든해서
상대의 공격을 잘 막는 건가? 알 수 없는 일이다.

옷 거꾸로 입기

미국의 농구 선수 팀 던컨은 샌 안토니오 스퍼스의 선수로 5번이나 NBA 챔피언에 올랐다. 그는 경기 전 연습에서 반바지를 거꾸로 입으면 좋은 모습을 보인다는 미신을 믿었다.

배트 핥기

미국의 야구 선수 야시엘 푸이그는 타석에서 투수가 다음 공을 던지기 전에 혀를 내밀어 배트를 핥는다. '악, 더러워.'

075 | 한국인이 활만 잡으면 정중앙에 화살을 꽂아 넣는 이유

10점, 10점, 10점. 무슨 대회 기록이냐고? 한국 양궁 선수들이 대회에 나가면 흔하게 보여 주는 기록이다. 정중앙에 화살을 꽂아 넣는 게 쉬운 일이 아닌데 우리나라 선수들은 젓가락으로 반찬 집듯이 정확하게 활을 쏜다. 2024년 개최된 파리 올림픽에서도 금메달 5개, 은메달 1개, 동메달 1개 등 총 7개의 메달을 획득하며 역대 최고 성적을 달성했다. 그런데 유독 한국이 양궁을 잘하는 이유가 궁금하지 않나?

한동안 외국 언론을 중심으로 한국인이 양궁을 잘하는 건 젓가락 때문이라는 재미있는 주장이 나왔다. 일명 '김치 펑거'라고 불린 이 이론은 한국인들이 김치로 젓가락을 어렸을 때부터 집어먹기 때문에 손가락을 정교하게 쓰는 능력을 갖는다는 논리다. 하지만 이 이론은 나중에 우스갯소리 취급을 받았는데, 똑같이 젓가락을 사용하는 중국이나 일본의 양궁 수준이 한국에 비하면 처참하기 때문이다. 그리고 많은 한국인이 매일 김치를 젓가락으로 집어먹지만, 모든 한국인이 양궁을 잘하지는 않는다는 사실도 이 이론을 반박한다.

한국 양궁이 최고 수준인 이유는 대한양궁협회에서 선수들을 체계적으로 선발하고 훈련시키기 때문이다. 실제 대회에 참가했을 때와 똑같은 경기장 조건에서 눈부심이나 큰 소음, 바람 세기 등의 조건을 맞춰서 훈련한다. 집에서 할 때는 천상계를 자랑하는 게이머도 막상 프

한국 선수들에게 정가운데에
활을 쏘는 건 어려운 일이 아니다.

철저하게 제한된 환경에서 연습을 하고
뛰어난 선수들끼리 경쟁하기 때문에
지금의 양궁이 있다.

로 대회에 나가면 조용한 집과는 다른 환경에 적응하지 못해 예상을
밑도는 결과를 내는 경우가 많은데, 양궁은 아예 처음부터 모든 조건
을 똑같이 맞춰 연습하기 때문에 좋은 결과를 낼 수밖에 없다.

　여기에 세계 최정상급인 선수들끼리 모인 한국 양궁 국가대표 선발
전이 올림픽에서 금메달 따기보다 어렵다는 이야기가 돌 정도로 선수
선발도 공정하게 한다. 결국 우리가 TV에서 보는 선수들은 말 그대로
'정글'에서 살아남은 선수들이기 때문에 잘할 수밖에 없는 것이다.

조정이 무슨 종목인지 아는가? 쉽게 설명하자면 '배 노젓기'다. 「무한도전」에서 봤다고? 맞다. 길쭉한 배에 여러 명이 타서 빠르게 노를 젓는 '보트 레이스'다. 워낙 힘들어서 정식 코스인 2km를 전력으로 노를 저으면 선수의 체중이 한 번에 1.5kg 정도 줄어들 정도로 격렬하고 힘든 운동이다.

지금과 같은 길쭉한 배에 여러 명이 타서 노를 젓는 조정 경기가 생겨난 건 17세기 영국에서부터였다. 이후 1900년 파리 올림픽 때 정식 종목으로 채택되고, 프랑스 대륙과 북미 대륙으로 전파되면서 세계적인 스포츠가 되었다.

그런데 이 조정 종목에도 '고연전'('연고전' 아니다.)과 비슷한 대학 간 경쟁이 존재한다는 사실을 알고 있는가? 이 경쟁의 주인공은 바로 영국의 옥스퍼드대학교와 케임브리지대학교이다. 둘 다 영국에서 명문대이며, 유서 깊은 역사를 자랑한다는 공통점이 있어 라이벌로 인정받고 있다. 매년 런던 템스강에서 열리는 두 대학 조정 팀의 경주는 세계에서 가장 유명한 조정 대회 중 하나다.

하지만 사실 이 둘을 고대-연대로 놓기엔 애매하다. 케임브리지대학교의 대표 색상이 민트색에 가깝기 때문이다. 간혹 케임브리지대학교 학생들이 빨간색 옷을 입고 대회에 출전하긴 하지만, 대부분은 학

이렇게 생긴 배에 타는
조정 경기는 17세기부터다.

케임브리지대학교와 옥스퍼드대학교의 경기.
진짜 조정계의 '고연전'은
하버드-예일 레가타다.

교의 색상인 민트색 유니폼을 입고 나온다.

　색깔만 놓고 보면 진짜 '조정계의 고연전'은 미국 아이비리그의 하버드대학교와 예일대학교의 조정 시합이다. '하버드-예일 레가타'라고 불리는 이 대회는 1852년부터 시작된 유구한 전통을 자랑한다. 하버드대학교의 대표 색상이 '크림슨' 색상이고, 예일대학교의 대표 색상이 '예일 블루'임을 감안하면 어디서 많이 보던 색깔 싸움이라는 생각이 든다. 아쉽게도 진짜 고연전에는 조정 종목이 없기 때문에 진짜 둘이 맞붙으면 어떻게 될지는 아무도 모른다.

077 | 1+1=1
(귀요미 아님)

뜬금없이 스포츠 이야기하는데 왜 수학 공식이 나오느냐고? 그것도 답이 틀렸는데? 잠깐만…. 뒤의 이야기를 잘 읽어 보고 틀렸는지 안 틀렸는지를 판단해 주길 바란다. 일단 한국말은 끝까지 들어봐야 안다.

1+1=1의 공식이 들어맞는 스포츠 종목은 바로 겨울에 즐길 수 있는 동계스포츠인 스노보드다. 이 종목이 어떻게 탄생했는지 궁금하지 않

1+1은 귀요미가 아니라 스노보드다.

나? 스노보드의 탄생에 대해서는 여러 주장이 있지만, 대부분 셔먼 포 펜이라는 미국의 서퍼가 지금의 스노보드 기초를 만든 주인공이라고 인정하고 있다.

1965년 셔먼은 그의 딸이 썰매 위에 서서 눈 쌓인 언덕을 내려오는 걸 보고 '저렇게도 즐길 수 있구나.'라며 감탄했다. 그래서 딸이 더 재 미있게 겨울 스포츠를 즐길 수 있도록 스키 2개를 볼트로 고정해서 하 나로 만들고, 딸에게 선물했다.

그런데 이렇게 만든 '스너퍼'가 의외로 다른 사람들에게도 호응을 얻게 되어서 나중에는 스너퍼 경기까지 개최하게 되었고, 이후 스너퍼 를 다듬고 다듬으면서 아예 스노보드라는 스포츠 종목이 새로 탄생하 게 되었다. 2개를 합쳐서 새로운 1개가 나왔다니…. 어떤가, 이 정도면 1+1=1, 맞지 않나?

톰 행크스가 주연한 영화 「캐스트 어웨이」는 무인도에 조난당한 한 남자의 이야기를 그렸다. 워낙 유명한 영화이니 많은 사람이 봤을 텐데, 이 영화에서 톰 행크스의 친구로 배구공 하나가 등장한다. 이 친구의 이름을 혹시 기억하는가? 맞다. 바로 윌슨이다. 영화 속에서 지저분하고 뻗친 머리를 자랑한 배구공을 미국의 윌슨 스포팅 굿즈에서 만들었으니 윌슨이라는 이름이 붙는 것은 당연한 일이지 싶다.

농구공부터 배구공과 테니스공까지 다양한 스포츠 용품을 만드는 윌슨은 놀랍게도 원래는 정육회사였다. 1910년대 미국 시카고에 본사를 둔 '슈워차일드 앤 슐츠버거'라는 정육회사가 있었는데, 고기를 만들고 남은 동물의 내장을 어떻게 처리할지 고민하다가 그것으로 실을 만들 수 있다는 사실을 알게 되었다. 그래서 동물 내장으로 바이올린 현이나 테니스 라켓 줄을 만들게 되었고, '애쉬랜드 매뉴팩처링 컴퍼니'라는 새로운 회사를 만들어서 물건을 판매하기 시작했다. 이게 윌슨의 시초다.

그런데 놀라운 점은 또 있다. 우리에게 익숙한 이 이름은 미국의 28대 대통령 우드로 윌슨으로부터 왔다. 각 민족이 자신의 정치적 운명을 스스로 결정할 수 있다는 '민족자결주의'를 외치고 제1차 세계대전 때 미국을 승리로 이끌었던 대통령이라 당시 그의 인기는 하늘을 찔렀

공을 만드는 회사 이름 윌슨은
대통령 우드로 윌슨의 이름에서 따왔다.
회사 이름을 '이명박'으로 하실 분? 없다고?

놀랍게도 윌슨은 원래
정육회사 이름이었다

다. 애쉬랜드 매뉴팩처링 컴퍼니는 설립된 지 얼마 지나지 않아 파산했는데, 1914년 이 회사를 인수한 은행이 우드로 윌슨의 인기를 활용해 회사 이름을 윌슨으로 바꾸었다.

더 웃긴 건 이미 이름을 윌슨으로 짓기 전에 회사를 운영할 사람을 윌슨 성을 가진 사람으로 정했다는 거다. 토머스 E. 윌슨은 부모님으로부터 물려받은 이름 덕분에 윌슨의 사장이 될 수 있었다. 한국으로 따지면 '김씨 공작소'로 회사 이름을 바꾸기 전에 미리 김씨를 사장 자리에 앉혀 둔 셈이다.

079 | 꿩 대신 닭, 초창기에 다른 종목의 공을 사용한 운동?

놀랍게도 인기 구기 종목인 농구와 배구가 깊은 연관이 있다는 사실을 알고 있는가? 1895년에 배구가 탄생하게 된 건 농구의 영향이 컸다. 도대체 어떻게 된 일일까?

배구를 창시한 미국인 윌리엄 모건은 YMCA에서 성인들에게 농구를 가르쳤는데, 지금보다 훨씬 더 신체접촉이 많았고 (당시에는 럭비나

원래는 배구공이 아닌 농구공으로 배구를 했다.

미식축구에 가까웠다.) 다 큰 성인들끼리 몸을 더듬는 걸 좋아할 사람이 없었다. 그래서 모건은 농구보다 덜 격렬한 새로운 운동을 만들어야 할 필요성을 느꼈다.

이렇게 해서 고민 끝에 탄생한 게 바로 배구다. 농구보다 좁은 코트에서 네트 위로 공을 넘기는 규칙이 있으니 농구처럼 뛰어다닐 필요가 없었고 신체접촉을 할 필요도 없었다. 그야말로 누가 달라붙는 게 싫고 움직이기 귀찮은 '직장인'들을 위한 운동이었던 셈이다.

참고로 처음의 배구는 전용 공이 없어 농구공을 사용했는데 크고 무거워서 사람들의 손과 팔이 아팠고 공의 속도도 생각보다 빠르지 않았다. 그래서 모건은 문제를 해결하기 위해 송아지 가죽으로 만든 탄력 있고 부드러운 공을 주문하였고, 이때 만들어진 배구공이 지금까지도 사용되고 있다. 농구공으로 배구할 생각은 접어 두자.

CHAPTER 7

한번 빠지면 시간 가는 줄 모르는 그것!

게임·영화·음악

080 | 화투패를 만들던 회사가 지금은?

슈퍼마리오, 젤다의 전설, 동키콩 하면 떠오르는 회사는? 맞다. 바로 닌텐도다. '반일운동'을 넘어서 '항일운동'일 정도로 일본을 싫어한다는 사람들도 닌텐도를 싫어하는 건 못 봤다. 우선 게임이 재미있고, 캐릭터가 귀여우며, 스토리가 잘 짜여 있다. 덕분에 아직도 어린 마음을 간직하고 있는 '키덜트'에게 많은 인기를 얻고 있다.

그런데 닌텐도가 뭐로 시작된 회사인 줄 아는가? 바로 화투다. 원래 닌텐도는 화투패를 만들던 회사였다. 엄밀히 따지면 닌텐도가 가장 먼저 내놓은 게임은 슈퍼마리오가 아니라 '카드 게임'이었다. 1889년부터 화투를 만들었으니 역사가 꽤 오래 이어져 온 셈인데, 당시에 바닥에 내려칠 때 경쾌한 소리가 나도록 화투를 만들었던 탓에 의외로 인기가 많았다고 한다. 그러니까 이미 그때부터 '손맛'이 살아 있는 게임을 만드는 데 재능이 있었던 것이다.

화투패를 만들던 닌텐도가 어떻게 게임 사업에 뛰어들었을까? 시간이 흐르면서 닌텐도는 돈을 더 많이 벌어들이기 위해 다양한 사업에 손을 대기 시작했다. 카드도 만들고 러브호텔, 인스턴트식품 산업, 장난감 등 안 해 본 사업이 없다(대부분은 망했지만). 그중 하나가 바로 1970년대부터 시작된 게임 사업이다. 다행히도 슈퍼마리오 같은 히트작들을 내놓으면서 닌텐도는 게임 회사라는 이미지가 강해졌다.

닌텐도는 원래 화투패를 만들었다.
'짝짝' 소리 나게 잘 붙는 화투를 말이다.

이것저것 해 보다가 여러 개 말아먹고 시작한
게임 사업이 다행히도 대박이 났다.

　오늘날의 게임 콘솔과 화투는 서로 비슷한 점이 있다. 하나는 도박
이고, 다른 하나는 취미 생활인데 공통점이 있냐고? 둘 다 '운'이 있어
야 한다. 화투 칠 때 운이 필요하다는 건 말할 필요도 없고, 게임을 할
때도 어느 정도는 운이 따라 줘야 이길 수 있다. 게다가 사람들을 즐겁
게 해 주고 지루한 시간을 재미있게 만들어 준다는 것도 공통점이다.
화투건 게임이건 닌텐도가 시대를 넘나들며 우리에게 선사해 주는 건
어쩌면 단순히 비디오 게임이 아니라 재미와 감동일지도 모른다.

연쇄살인마도 아니고 연쇄할인마라니? 미국의 밸브 코퍼레이션에서 개발한 게임 유통 플랫폼 '스팀' 이야기다. 2003년 처음 탄생해 지금까지 수많은 게임을 보유하며 엄청난 인기를 끌고 있다. 도대체 스팀은 어떻게 인기를 끌게 된 걸까?

과거의 게임들은 CD나 DVD로 배포되었는데, 이로 인해 발생하는 불법 복제 때문에 당시의 게임 제작사들은 골머리를 앓았다. 누가 게임 CD를 한 장 산 뒤에 내용을 복사해서 팔면 게임 제작사에서 현실적으로 잡기 어려웠다. 유명한 게임 제작사 중 하나였던 밸브 소프트웨어는 인터넷으로 직접 게임을 내려받게 하고 업데이트한다면 이런 문제를 해결할 수 있다고 생각했고, 결국 직접 게임을 유통하는 플랫폼 스팀을 만들어 2003년부터 운영을 시작했다.

그렇다면 스팀은 어떻게 게임 유통에서 독보적인 위치에 올라서게 된 걸까? 우선 가장 큰 요인은 스팀에 존재하는 수많은 게임이다. 스팀은 수많은 게임을 보유하고 있고 경쟁 업체에 비해 월등히 앞서는 서비스를 제공하고 있다. 경쟁사들이 스팀을 따라잡기 위해 다양한 회사에서 나오는 게임들을 목록에 올리고 있지만, 스팀을 따라가기엔 한참 부족하다. 물론 처음부터 게임이 많았던 건 아니다. 하프라이프나 오렌지박스 같은 밸브가 제작한 게임을 통해 먼저 사람들에게 이름을 알

'장비를…정지합니다…정지하겠습니다…안 되잖아?'를
창조해 낸 게 스팀을 만든 밸브다.
밸브에서 만든 「하프라이프」에 나오는 대사다.

할인을 저렇게 하는데도 장사가 된다는 건
원래 게임 가격이 비싸다는 거다.
기적의 논리 아닌가?

리고 다른 게임 제작사들도 스팀에 게임을 올리면 팔린다는 인식을 심어 주면서부터 게임의 양이 기하급수적으로 많아졌다.

스팀이 성공할 수 있었던 또 다른 요인은 바로 할인이다. '연쇄할인마'라는 별명이 괜히 붙은 것이 아닐 정도로 적게는 20%, 크게는 80~90% 할인율로 소비자들이 지갑을 열게 만들었다. 덕분에 수많은 사람이 하지도 않을 게임을 마구잡이로 구매하는 대참사가 지금도 벌어지고 있다. 역시 1등은 항상 남들을 앞서는 확실한 이유가 있다니까?

문명이 등장한 이래로 사람들은 어떤 형태로든 게임을 해 왔다. 아니, 분명 그 이전에도 했을 거다. 지금은 컴퓨터와 모바일로 게임을 즐기지만 옛날 사람들은 판을 깔아 놓고 게임을 즐겼는데, 우리는 그걸 보드게임이라고 부른다. 옛날 사람들은 '부루마블'과 '우노' 말고 무슨 보드게임을 즐겼을까?

체스(600년경)

많은 사람이 체스가 고대부터 이어져 온 게임이라고 생각하지만, 뒤에서 이야기할 다른 게임들과 비교하면 상대적으로 젊은 편이다. 정확한 기원은 알려져 있지 않지만, 대부분의 역사가는 이 게임이 굽타 제국 시기의 인도에서 시작되었다고 추측하고 있다.

체스도 오래되긴 했지만
선배 게임들에 비하면 한참 어리다.

바둑(기원전 2000년경)

바둑은 세계에서 가장 오래된 보드게임 중 하나다. 정확한 기원은 알려지지 않았지만 중국의 요 임금과 순 임금이 아들들의 어리석음을 깨우치게 하기 위해 바둑을 만들었다는 전설이 있다.

우르의 왕실 게임(기원전 2600~2400년경)

드디어 우리가 모르는 게임이 나왔다. 고대 메소포타미아(현대의 이라크)에서 치러지던 '우르의 왕실 게임'은 역사가 오래된 보드게임 중 하나다. 1920년 영국의 고고학자 찰스 레너드 울리 경이 우르의 왕실 무덤을 발굴하던 중 2개의 게임보드를 발견했는데, 이집트의 고대 유적지에서도 이와 유사한 게임이 발견되었다. 해 보고 싶다고? 영국박물관의 메소포타미아 웹사이트에서 온라인으로 플레이할 수 있다.

메헨(기원전 2700년경)

메헨은 고대 이집트의 또 다른 보드게임으로 2명 이상의 사람이 즐길 수 있다. 최대 6명까지 가능했을 것으로 보이며, 뱀처럼 생긴 판 위에 말을 놓고 게임을 하는 형태다.

주사위 놀이(기원전 3000년경)

주사위 놀이는 체스보다 훨씬 오래된 또 다른 고대 게임이다. 2004년 고고학자들은 이란의 고대 도시에서 주사위 놀이를 닮은 게임판을 발견했다. 기원전 3000년경에 만들어졌을 것으로 추측된다. 흑단과 청록색 마노로 만든 60개의 마커와 주사위 한 쌍이 구성품이다.

체커(기원전 3000년경)

드래프트라고도 불린다. 우리나라에서는 인기가 없지만 해외에서

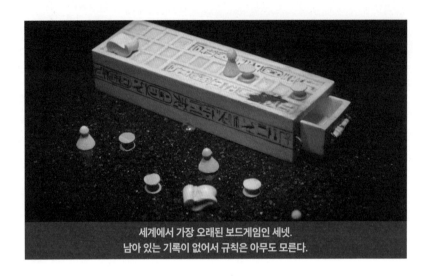
세계에서 가장 오래된 보드게임인 세넷.
남아 있는 기록이 없어서 규칙은 아무도 모른다.

는 오늘날에도 여전히 플레이되는 오래된 보드게임 중 하나다. 기원전 3000년경 남부 메소포타미아의 고대 도시인 우르에서 기원했을 것으로 추정된다.

세넷(기원전 3500년경)

세계에서 가장 오래된 보드게임이다. 나무나 석회암 또는 도자기로 만든 게임판 위에 말을 올려놓고 게임을 진행했던 것으로 보인다.

게임하러 PC방에 가는 사람이 예전에 비해 많이 줄었다는 뉴스를 심심찮게 볼 수 있다. 스마트폰과 태블릿이 보급되면서 사람들이 모바일 게임에 더 많은 시간을 할애하기 때문이다. 덕분에 인기 있는 사업이었던 PC방은 점점 쇠락해 가고 있다. 하긴 요즘 누구나 가진 스마트폰으로 즐기는 게임은 그래픽도 나쁘지 않고 재미도 있으니 안 즐길 이유가 없다.

휴대폰으로 즐길 수 있는 게임 중에서 인기가 많은 건 핀란드의 게임 제작사 슈퍼셀에서 만든 브롤스타즈다. 2018년 12월에 출시되어 인기 게임 차트에 계속 이름을 올리고 있는 '장수' 게임이다. 2024년 4월 기준 누적 매출이 20억 달러(한화로 약 2조 6,800억 원)를 넘길 정도다. 게임 하나로 정말 어마어마하게 벌어들였다.

브롤스타즈가 이렇게 잘 팔리는 게임인 이유가 있냐고? 물론 있다. 우선 게임 한 판이 5분 안에 끝날 정도로 짧아서 언제든지 쉽게 즐길 수 있으며, 조작도 간단해 누구나 할 수 있어 진입 장벽이 낮다. 또한 게임 디자인이 아기자기해서 보는 맛도 있다. 덕분에 한국을 포함해 전 세계의 10대들에게 사랑받는 게임으로 자리 잡았다. 우리나라에서 대회도 열릴 정도다.

하지만 브롤스타즈도 한때는 위기를 맞았다. 원래 출시 초기에는

브롤스타즈의 캐릭터들. 귀엽지 않나?
애들한테 인기 있는 이유가 있다.

요즘엔 휴대폰으로 간편하게
할 수 있는 게임이 인기가 많다.
브롤스타즈가 잘나가는 것도 그래서다.

확률형 아이템, 다시 말해 뽑기가 있었다. 플레이어들은 원하는 캐릭터를 얻거나 업그레이드하기 위해서 돈을 내고 뽑기를 했는데, 인기가 있다가 2021년 이후부터 조금씩 떨어지기 시작했다. 그러자 개발사인 슈퍼셀은 게임의 변화를 위해 2022년 유료 결제 뽑기를 없애는 업데이트를 진행하고, 뒤이어 돈을 내지 않아도 확률형 아이템을 뽑을 수 있도록 했다. 덕분에 브롤스타즈를 즐기는 유저 수가 다시 늘어나 제 2의 전성기를 맞이하게 되었다. 이건 리니지도 좀 보고 배워야 할 것 같다.

084 | 영화 속의 책, 책 속의 영화

영화와 책은 서로 다르면서도 비슷하다. 전혀 다른 표현 방식을 갖고 있지만 사람을 끄는 매력이 있는 건 분명하다. 한 번 빠지면 답도 없다는 점에서 씨네필과 활자 중독은 한 끗 차이다.

그런데 영화 속에 책이 등장하고 책 속에 영화가 등장한다. 서로 다른 매체지만 사람들에게 영향력을 미치는 두 존재가 작품 속에서 의미를 갖는 경우가 종종 있다. 그래서 한 번 준비해 봤다. 영화 속의 책, 책 속의 영화를….

영화 속의 책

영화 - 「뜨거운 녀석들」(2007) / 책 - 『공범』(이언 뱅크스, 1993)

이상한 경찰이 무더기로 나오는 이 영화에서 일도 제대로 안 하는 경찰이 읽고 있는 책은 『공범』이다. 창조적인 연쇄살인마를 그린 책인데, 하릴없이 시간을 때우면서 읽는 책이 이거라니…. 이 책 읽을 시간에 범인을 잡으러 가는 게 더 낫겠다.

영화 - 「토이 스토리」(1995) / 책 - 『그림 동화』(그림형제, 1812)

주인공 우디가 다른 장난감 친구들에게 연설하는 장면에서 이 책이 이스터 에그로 등장한다. 디즈니 영화들 중에서 『라푼젤』처럼 이 책에서 플롯을 차용해 작품을 만드는 경우가 있다. 한마디로 상상력의 나래를 펼치게 해 주는 '바이블'인 셈이다.

영화 - 「콜 미 바이 유어 네임」(2017) / 책 - 36권

엘리오 역을 맡은 티모시 샬라메는 이탈리아에서 휴가를 보내기 위해 많은 책을 들고 온다. 목록에는 앙드레 애치먼이 지은 영화의 원작 소설도 있고, 호머의 『오디세이아』와 셰익스피어의 『햄릿』도 있으며, 놀랍게도 『땡땡의 모험』 같은 만화책도 있다. 영화를 돌려 보며 엘리오가 어떤 책들을 읽는지 찾아내는 것도 하나의 재미다.

영화 - 「지옥의 묵시록」(1979) / 책 - 『황금가지』(제임스 조지 프레이저, 1890)

영국의 민속학자이자 인류학자인 프레이저의 책이다. 1890년에 등장한 종교, 신화, 민간신앙 등을 정리하고 분석한 책인데 완성까지 총 40년이 걸렸다(!). 이 책은 영화의 핵심이 무엇인지를 강조하는 소재로 중요한 역할을 담당한다. 무슨 내용인지 궁금하다고? 영화를 우선 보고 해석을 읽어 보면 된다.

영화 - 「공조 2」(2022) / 책 - 『1cm 인물 교양 수업』(앤드류, 2020)

미안하다. 이거 보여 주려고 어그로를 끌었다. 아아, 내가 쓴 책이 영화에 등장하다니…. 그런데 윤아 씨, 아름다운 외모를 가지고 계셔도 제 책은 뒤집어서 보면 안 됩니다.

영화 - 「세렌디피티」(2001) / 책 - 『콜레라 시대의 사랑』(가브리엘 가르시아 마르케스, 1985)

로맨스 영화의 교본과도 같은 「세렌디피티」에서 가브리엘 가르시아 마르케스의 책은 두 주인공을 이어 주는 존재다. 이 소설도 열정적이고 운명적인 사랑 이야기를 담고 있다.

책 속의 영화

책 - 『멋진 신세계』(올더스 헉슬리, 1949) / 영화 - 필리 상영작

『멋진 신세계』는 디스토피아의 대표 소설이다. 극 중에서 '필리'라는 극장이 등장하는데, 이곳에서 상영되는 영화들은 시각과 청각뿐만 아니라 촉각도 재생시킬 수 있다. 요즘 말로 하면 4DX다. 필리에서 상영되는 영화들은 기술이 발달함에 따라 지식에 관심을 갖지 않고 가벼운 것만을 좋아하는 대중을 상징하는 수단이다.

『호밀밭의 파수꾼』에서 주인공인 홀든 콜필드는 영화를 쓰레기 취급한다.
하긴 얘는 불만투성이라 좋아하는 게 없다.

책 -『노르웨이의 숲』 혹은 『상실의 시대』(무라카미 하루키, 1987) / 영화 - 「졸업」(1967)

『노르웨이의 숲』은 와타나베와 미도리의 이야기를 담은 책이다. 안 읽어 봤다고? 읽는 순간 그 자리에서 '기립'하게 되는 마법을 경험할 거다. 주인공 와타나베는 극 중에서 시간을 때우기 위해 더스틴 호프만이 출연한 「졸업」을 보러 극장으로 가는데, 별로 재미는 없었다고 이야기한다.

책 -『호밀밭의 파수꾼』(J. D. 샐린저, 1951) / 영화 - 구체적인 작품 언급은 없음

주인공 홀든 콜필드의 형 D.B는 작가인데 할리우드에 가서 시나리오를 쓰는 작가로 활동한다. 영화 자체를 좋아하지 않는 홀든은 이 사실을 매우 경멸한다. 이 소설에서 영화는 사회에 반항적인 모습을 보

이는 홀든의 모습을 묘사하는 하나의 도구다.

책 - 『나는 나를 파괴할 권리가 있다』(김영하, 1996) / 영화 - 「천국보다 낯선」(2017)

주인공이 짐 자무시 감독의 영화 「천국보다 낯선」을 본다는 내용이 극 중에 잠깐 등장한다. 사실 짐 자무시 감독의 영화는 「커피와 담배」가 딱인데….

책 - 『ABC 살인사건』(애거사 크리스티, 1936) / 영화 - 「참새 한 마리도」(가상의 작품)

애거사 크리스티의 『ABC 살인사건』은 수억 권이 팔린 추리소설의 대명사다. 실제로 존재하는 영화는 아니지만, 극 중에서 영화 「참새 한 마리도」가 상영되는 영화관이 범죄가 일어나는 장소로 등장한다. 어두컴컴해서 칼을 꽂아 넣어도 아무도 모를 법한 장소다.

085 | 죽기 전에 봐야 할 명작 영화 67선 2탄

뭐? 『잘난 척하고 싶을 때 써먹기 좋은 잡학상식』에서 추천해 준 영화가 재미있었다고? 다행이다. 여러분의 취향에 맞지 않을까 봐 가슴이 조마조마했다. 이번엔 다른 영화다. 적어도 재미나 작품성에서 한 가지 기준은 충족하거나 둘 다 충족하는 영화들로만 골랐다. 그것도 비교적 최신 영화로….

「영광의 길」(1957), 「현기증」(1958), 「암흑가의 세 사람」(1970), 「배리 린든」(1975), 「감각의 제국」(1976), 「해변의 폴린느」(1983), 「아키라」(1988), 「퐁네프의 연인들」(1991), 「사랑의 블랙홀」(1993), 「타락천사」(1995), 「증오」(1995), 「트레인스포팅」(1996), 「아이언 자이언트」(1999), 「아메리칸 사이코」(2000), 「배틀로얄」(2000), 「레퀴엠」(2000), 「새벽의 황당한 저주」(2004), 「이터널 선샤인」(2004), 「노트북」(2004), 「트로이」(2004), 「007 카지노 로얄」(2006), 「억셉티드」(2006), 「데스 프루프」(2007), 「미스트」(2007), 「비스티 보이즈」(2008), 「그랜 토리노」(2008), 「더 레슬러」(2008), 「바스터즈 : 거친 녀석들」(2009), 「나인」(2009), 「좀비랜드」(2009), 「트론 : 새로운 시작」(2010), 「마셰티」(2010), 「캐빈 인더 우즈」(2011), 「루퍼」(2012), 「건축학개론」(2012), 「실버라이닝 플레이북」(2012), 「슈퍼비너스」(2013), 「마담 프루스트의 비밀정원」(2013), 「울프

넷플릭스에서 볼 수 있는 「소셜 딜레마」를 보고 나면 아마 인스타그램을 지우게 될지도 모른다.

「로봇 드림」을 보고 나면 어스 윈드 앤드 파이어의 「셉템버(September)」가 귀에 맴돈다.

오브 월스트리트」(2013), 「와일드 테일즈 : 참을 수 없는 순간」(2014), 「위플래쉬」(2014), 「나를 찾아줘」(2014), 「존 윅 시리즈」(2014~23), 「킹스맨 시리즈」(2015~21), 「싱 스트리트」(2016), 「다키스트 아워」(2017), 「코코」(2017), 「카메라를 멈추면 안 돼!」(2017) 「베이비 드라이버」(2017), 「콜 미 바이 유어 네임」(2017), 「가버나움」(2019), 「레이니 데이 인 뉴욕」(2019), 「1917」(2019), 「소셜 딜레마」(2020), 「듄 시리즈」(2021~24), 「에브리씽 에브리웨어 올앳원스」(2022), 「바빌론」(2022), 「로봇 드림」(2023), 「가여운 것들」(2023), 「기상천외한 헨리 슈거 이야기」(2023), 「오펜하이머」(2023).

이걸 다 봤다고? 설마 당신은 '2동진'인가요?

영화 프랜차이즈 중에는 외계인과 관련된 게 꽤 있다. 「스타워즈」,
「어벤져스」, 「스타 트렉」, 「아바타」… 당장 떠오르는 것만 이 정도다.
아, 고길동 잡는 아기공룡 둘리도 원래 다른 별에서 왔다.

벌어들인 돈에 차이가 있더라도 이 시리즈들이 주는 '빅재미'는 차
이가 없다. 그중에서도 「에일리언」, 「프레데터」, 「터미네이터」 시리즈

「에일리언」의 주인공인 에일리언.
침도 산성이다. 침 뱉지 맙시다.

는 인류 역사에 길이 남을 수작이다. 한 번도 안 본 사람은 있어도 한 번만 본 사람은 없다. 워낙 유명한 시리즈이니 굳이 설명할 필요가 있을까?

　그런데 이 세 영화의 공통점이 있다. 바로 영화의 주인공(?)인 외계인들이 같은 사람을 각각 한 번씩 죽였다는 거다. 아니 이게 사실이여? 외계인 하면 떠오르는 세 놈한테 세 번 죽었다고? 맞다. 그 주인공은 바로 빌 팩스톤이라는 배우다. 그는 1984년의 「터미네이터」, 1986년의 「에일리언 2」, 1990년의 「프레데터 2」에 각각 출연해 죽음을 맞이했다. 이 정도면 '외계인한테 살해당하는 역할' 전문 배우로 「서프라이즈」에 출연해도 되겠다. 안타깝게도 그는 2017년에 사망해서 트리플 크라운을 달성한 걸 우리에게 축하받을 수는 없다.

087 | 알고 보면 더 재미있는 「듄」에 숨은 8가지 이야기

영화 「듄」에는 사막에서 사람 잡아먹는 거대한 벌레인 '샌드웜'이 나온다. 2024년 기준으로 3부작 중 2편까지 나왔고 3편이 2027년에 개봉할 예정이다. 사실 보고 나서 시간이 좀 지나면 모래와 벌레밖에 기억이 안 남기는 하는데, 이 시리즈에 대해서 알아야 할 것은 그 둘뿐만은 아니다. 알고 보면 더 재미있다, 2027년에 3편이 개봉하기 전까지 다음 사실들을 외워 두면 '듄친자'가 될 준비는 끝났다.

1

영화 「듄」의 원작은 미국 소설가 프랭크 허버트가 1965년에 내놓은 소설이다. 자료 수집과 창작에만 6년이 걸렸고, 시간이 오래 걸린 만큼 그 내용도 매우 방대하다. 프랭크 허버트가 쓴 원작 소설은 6부작까지 있으며 이 소설을 바탕으로 만들어진 영화는 전체 내용의 극히 일부만을 다루고 있다.

2

소설 『듄』은 출판 전에 수십 곳 이상의 출판사에서 거절당했다. 그러다가 자동차 수리 매뉴얼과 잡지를 만들던 출판사에서 책을 냈다. 그리고 2,000만 부 이상 팔렸다.

「듄」은 지구에 실존하는 장소에서 영향을 받았고,
지구에 실존하는 장소에서 촬영했다.

3

영화 「듄」에 나오는 사막은 지구에 실존하는 곳으로부터 영감을 받
았다. 바로 미국 오리건주 해안의 모래 언덕이다.

4

소설과 영화에서 '스파이스'는 귀중한 자원으로 등장한다. 스파이스
를 '석유'로 바꾸면 현실 세계와 별 다를 바가 없다. 극 중에서 아트레
이디스와 하코넨 가문이 스파이스의 패권을 놓고 싸우는 걸 보면 말
그대로 '석유전쟁'이다.

5

영화에서 나온 '무아딥'이라는 단어를 기억하는가? 이 단어는 아랍
어로 '교육자'라는 의미를 가지고 있다. 소설을 보면 이슬람에서 사용
하는 개념이 자주 등장한다. 그 덕분에 「듄」 3부작을 감독한 드뇌 빌뇌

브는 중동의 베두인족을 모티브로 해 영화를 만들기까지 했다.

6

1984년에도 「듄」 영화가 만들어졌다는 걸 알고 있는가? 물론 많은 사람이 모르고 있다. 왜냐면 흥행을 못했기 때문이다. 돈이라도 못 벌면 예술적인 뭐라도 있어야 하는데 평론가들한테도 혹평을 받았다. 역시 망한 영화는 다 이

1984년에 나온 「듄」은 그 내용이 너무 방대해 영화관에서 용어를 설명하는 해설집까지 나눠 줬다.

유가 있다. 그래도 1984년에는 만들어지기라도 했지, 1970년에는 영화로 만들려다가 아예 내놓지도 못했다. 소설의 내용이 너무 방대해서 영화로 무슨 이야기를 해야 할지 몰라서 벌어진 해프닝이다.

7

영화에 나오는 샌드웜을 디자인하는 데에만 1년이 걸렸다. 어쩐지 무섭게 생겼더라니….

8

극 중에서 아라키스 행성에 사는 사막 민족인 프레멘은 자신들만의 언어인 '프레멘어'를 쓴다. 현실에 존재하지도 않는 이 말을 누가 만들었냐고? 바로 데이비드 피터슨이라는 언어학자다. 그는 「왕좌의 게임」에서 도트락어와 발라리아어를 만든 이력이 있다.

088 | 평소에 들어도 좋은 영화음악을 만든 작곡가 9명

재미있는 영화들은 모두 '이것'이 뛰어났다. 바로 극 중에 흐르는 상징적인 음악들이다. 훌륭한 영화에는 재능 있는 사람들이 만든 음악이 있다. 분위기 있으면서 우리에게 익숙한 OST를 듣고 싶다면 이들의 음악이 딱이다.

히사이시 조

일본 지브리사에서 제작한 유명 애니메이션 음악을 작곡한 사람이다. 「인생의 회전목마」부터 「벼랑 위의 포뇨」까지…. 음악을 들으면 애니메이션의 장면들이 저절로 스쳐 지나간다.

엔리오 모리코네

'영화음악의 거장'으로 불리는 사람이다. 「시네마 천국」OST와 영화 「미션」의 '넬라 판타지아'로 매우 유명하다. 잘 모르겠다고? 유튜브에서 '영화 석양의 무법자 OST'를 검색해 보면 안다. 그 음악을 작곡한 사람이다.

막스 슈타이너

오늘날 영화 OST라고 불리는 노래들은 이 사람이 없었으면 탄생하지 못했다. 구스타브 말러에게 직접 가르침을 받았던 음악 신동으로 「킹콩」, 「바람과 함께 사라지다」, 「카사블랑카」 등의 영화음악을 만들며 '현대 영화음악의 아버지'라는 별명을 얻었다.

존 배리

영화 「007 시리즈」를 모르는 사람은 없을 것이다. 존 배리가 바로 이 시리즈의 음악을 담당했다. 첫 작품인 「007 : 살인번호」를 포함해 초창기 11개 시리즈의 음악들을 작곡했다.

니노 로타

영화 「대부」 봤는가? 돈 콜리오네의 카리스마 넘치는 외모와 잔잔하게 흐르는 음악이 인상적인데 그 음악을 작곡한 사람이다. 이외에도 알랭 들롱이 나왔던 「태양은 가득히」와 페데리코 펠리니 감독의 작품들에서 음악을 담당했다.

'거절할 수 없는 제안을 하지.'라는 대사에 걸맞은 음악이 꼭 필요했다. 그걸 니노 로타가 해냈다.

조지 거슈윈

미국을 대표하는 작곡가로 20세기 재즈와 클래식, 대중음악, 영화음악 모든 장르를 넘나들며 사람들에게 사랑받았다. 진 켈리가 나왔던 「파리의 미국인」 음악을 담당했다.

앨런 실베스트리

영화 「어벤져스」에서 캡틴 아메리카가 묠니르를 잡아들던 결정적인 장면을 기억하는가? 그 바로 직후 전투가 일어날 때 흐르는 음악을 작곡한 사람이다. 이외에도 「백투더퓨처」, 「포레스트 검프」 등의 영화음악을 담당했다.

한스 짐머

영화 OST의 거장이다. 「라이온 킹」, 「이집트 왕자」, 「글래디에이터」, 「캐리비안의 해적」, 「다크 나이트」, 「덩케르크」, 「인터스텔라」, 「테넷」, 「인셉션」, 「듄」, 「007 : 노 타임 투 다이」 등의 영화음악을 담당했다.

존 윌리엄스

한때 이름을 날린 영화에는 모두 존 윌리엄스가 있었다. 「스타워즈」, 「죠스」, 「인디아나 존스」, 「쥬라기 공원」, 「쉰들러 리스트」, 「E. T.」, 「슈퍼맨」의 음악을 담당했다. 뿐만 아니라 20세기 폭스사의 영화가 시작될 때 나오는 팡파레도 만들었다.

개인적으로 존 윌리엄스의 영화음악이 최고라고 생각한다. 그다음은 한스 짐머다.

089 │ 클래식 공연 보러 갈 때 알아 두면 있어 보이는 꿀팁 6가지

뭐? 썸남, 썸녀와 클래식 공연을 보러 가기로 했는데 한 번도 가 본 적이 없어서 뭐부터 해야 할지 모르겠다고? 걱정하지 마라. 그런 여러 분을 위해 꿀팁을 준비했다. 혹시 같이 갈 사람이 없다면 혼자 가도 좋 다. 베토벤의 「월광 소나타」를 들으며 애인도 못 만드는 내 자신의 기 구한 처지에 눈물을 흘릴 수 있으니까…. 여러분 눈에 땀이 나는 거 같 은데?

피아노 독주회는 왼쪽 앞좌석,
오케스트라는 뒤쪽 중앙 자리가 좋다.

1

표를 예매할 때 공연장의 좌석 배치와 음향 특성을 파악하면 최고의 경험을 할 수 있다. 독주회나 독창회는 무대와 가까운 공연장 앞쪽 중앙이 좋고, 피아노 독주회의 경우에는 왼쪽 앞좌석이 명당이다. 교향악단의 연주나 오페라는 뒤쪽 중앙에 앉으면 좋은데 여러 악기가 조화롭게 귀에 꽂히는 마법 같은 경험을 할 수 있다.

2

유럽에서는 클래식 공연을 보러 갈 때 턱시도를 입기도 하지만, 한국에서는 안 그래도 된다. 괜히 턱시도 입고 갔다가 '주최자'냐는 소리를 듣기 전에 그냥 적당히 깔끔하게 입고 가자.

턱시도 입고 가신다고요?
지휘자이신가요?

3

가서 졸다가 올 게 아니라면 무슨 곡이 연주되는지, 그 곡에 어떤 역사적 배경이나 정보가 숨어 있는지 미리 검색해 보는 것이 좋다. 그 전에 미리 한 번 들어 보고 가면 더 좋고….

4

클래식 공연이 꽤 긴 거 같은데 중간에 화장실 다녀올 수 있냐고? '인터미션'이 있다면 다녀올 수 있다. 연주 중간에 주어지는 휴식 시간으로 이 시간에는 자유롭게 움직여도 된다. 혹여나 중간에 너무 소변이 마렵다면 노래 한 곡이 끝난 뒤에 움직이는 게 매너다.

5

휴대폰은 꺼 두자. 휴대폰 카메라로 사진이나 동영상을 촬영하는 사람이 많은데 아예 촬영이 금지된 연주회도 있다. 그런 경우에는 법적으로 처벌받을 수도 있다.

6

공연이 끝난 후 간혹 관중이 연주자들에게 앙코르를 요청하는 경우가 있다. 보통 한두 곡 정도씩은 하니까 예의상 큰 소리로 박수를 쳐서 공연이 만족스러웠음을 알려 주자.

90 | 무작위로 뽑아낸 음악에 대한 재미있는 사실 11가지

1

역사상 가장 많은 커버곡이 나온 노래는 비틀즈의 「예스터데이」다. 무려 3,000개 이상의 커버곡이 나왔다.

2

전 세계에서 가장 많이 스트리밍된 곡은 퀸의 「보헤미안 랩소디」다.

3

손가락을 다쳐 영영 피아노를 칠 수 없게 된 로베르트 슈만은 자신의 손가락을 치료하기 위해 죽은 동물의 내장에 손을 넣곤 했다. 그의 아내 클라라는 이 사실을 어떻게 받아들였을까?

4

크로아티아의 자다르에는 '바다 오르간'이 있다. 이게 뭐냐고? 75m 길이의 바닷가 산책로를 따라 길이가 다른 파이프가 설치되어 있어 파도가 몰려올 때마다 높낮이가 다른 음이 울려 퍼지고 자연이 연주하는 천연의 오르간 소리가 난다.

5

「스위트 차일드 오마인(Sweet Child O'Mine)」으로 유명한 건즈 앤 로지즈의 리드 보컬인 액슬 로즈는 '투잡'을 뛰었던 적이 있다. 미국 UCLA대학교에서 진행된 과학 연구에 참가해 8달러의 시급을 받고 담배를 피웠다. 가수가 담배 태워도 되나요?

6

이탈리아의 작곡가 조아키노 로시니는 베네치아의 한 레스토랑에서 리조또를 주문한 뒤 기다리는 동안 오페라 「탄크레디」 중 아리아 '이토록 설레는 가슴을(Di Tanti Palpiti)' 이란 곡을 썼다. 역시 리조또만큼 사람을 설레게 만드는 건 없다.

로시니는 리조또를 기다리며 아리아를 썼다.
우리도 국밥을 시켜 놓고 사랑 노래를 작곡해 보자.

7

유럽의 작은 나라인 모나코 공국은 카지노와 F1으로 유명하다. 그밖에 유명한 게 또 있는데, 바로 군대와 군악대이다. 모나코의 군대에는 82명의 병사가 있고, 군악대에는 85명의 음악가가 있다. 전쟁 나면 악기로 싸워야 한다.

8

풀리처상이라고 들어봤는가? 저널리즘과 문학, 음악 분야에서 우수한 기여자를 선정해 매년 상을 준다. 이중 음악 분야에서는 힙합 아티스트 최초로 켄드릭 라마가 상을 받았다.

9

헝가리 태생의 피아니스트이자 작곡가인 프란츠 리스트는 뛰어난 재능 덕분에 '사생팬'이 엄청나게 많았다. 소위 '리스토마니아'라고 불린 그들은 리스트의 아름다운 머리카락을 구하려고 기를 썼다. 이에 질린 리스트는 개를 한 마리 산 뒤 개털을 잘라 머리카락 대신 팬들에게 보냈다.

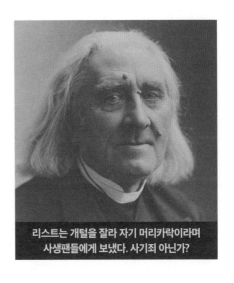

리스트는 개털을 잘라 자기 머리카락이라며 사생팬들에게 보냈다. 사기죄 아닌가?

10

우리나라에선 인기가 덜하지만 미국에선 컨트리 음악이 꽤 인기 있는 장르다. 재미있게도 미국에서 나오는 컨트리 음악 5개 중 하나는 술을 언급하고, 3개 중 하나는 눈물을 언급하고, 7개 중 하나는 엄마를 찾는다. 이거 케이팝 발라드 아녀?

11

일본에서는 노래방을 '가라오케'라고 부른다. '가라'는 '가짜'를 의미하며, '오케'는 오케스트라를 말한다. 다시 말해 '가짜 오케스트라'라는 의미가 있다.

CHAPTER 8

이제 10년이면 강산 말고 세상이 바뀐다!

과학·기술

091 │ 알고 보니 사실이 아니었던 엄마의 잔소리 6가지

엄마의 지겨운 잔소리를 끝내는 방법은 이 페이지를 엄마에게 보여드리고 더 이상 잔소리를 듣지 않겠다는 확실한 의사표현을 하는 거다. 다음 목록은 잔소리에 대한 '과학적' 반박이다. 그래도 듣는다면… 미안하다. 그건 내가 도와줄 수 없다.

선풍기 끄고 자라. 그러다가 호흡곤란으로 죽는다

선풍기 때문에 호흡곤란으로 사망한다는 이야기는 심심치 않게 도는 '괴담 중의 괴담'이다. 결론부터 말하면 안 죽는다. 실제로 이를 검

선풍기 틀어도 안 죽는다고요. 엄마.

중하기 위해 선풍기를 틀고 자는 실험을 진행했는데 혈압이나 맥박수, 체온 등에 아무 변화가 없었다.

밥 많이 먹어라

밥은 탄수화물이 주 성분이다. 탄수화물을 너무 많이 먹어 중독이 되면 체내 인슐린 작용에 이상이 생기면서 비만이나 당뇨병, 이상지방혈증, 암 등 다양한 질병이 발생한다. 쌀밥은 적당히 먹고 반찬을 많이 먹자.

삼시세끼 꼬박꼬박 챙겨 먹어라

'하루 3번 식사를 한다.'는 개념은 그렇게 오래되지 않은 것이다. '간헐적 단식' 같은 이론들이 각광받고 있는 건 다 이유가 있다. 나무껍질로 죽을 끓여 먹던 시대에는 하루 3번 식사를 하지 못했다.

일찍 좀 자라. 도대체 밤에 안 자고 뭐하니?

밤늦게 아무에게도 방해받지 않고 집중할 수 있다면 업무 효율이 올라간다는 연구 결과가 있다. 물론 여러분이 오밤중에 생산적인 업무를 할 리는 만무하지만….

옷을 또 샀어? 그만 좀 사라. 집안 거덜나겠다

천만에요. 오히려 옷을 사면 돈을 더 벌어다 준다. 남성이나 여성이나 외모에서 좋은 평가를 받는 사람들의 수입이 평균적으로 더 높다는 건 이미 검증된 과학적 사실이다.

옷을 많이 사면 멋진 외모를 갖게 되고, 덩달아 수입도 올라간다.
통장에 있는 전 재산으로 옷을 살 타이밍이다.

한겨울에 왜 이렇게 옷을 얇게 입어? 얼어 죽으려고 작정했어?

옷을 얇게 입었다고 얼어 죽을 만큼 인간은 나약하지 않다. 또한 겨울철에 옷을 얇게 입는 사람의 에너지 소비량이 옷을 많이 입는 사람에 비해 많다는 연구 결과가 있다. 엄마가 뭐라고 하면 '다이어트' 중이라고 둘러대자.

이 질문을 누군가에게 받으면 여러분은 곧바로 "에베레스트산!"이라고 답하겠지? 그럴 만도 한 게 TV에서 가장 보기 쉬운 높은 산이 에베레스트산이니까…. 그런데 여기서 중요한 건 이 산이 그냥 '높은' 수준이 아니라는 거다. 그냥 가볍게 뒷산 등산이나 가자고 할 만한 높이는 전혀 아니고, 올라가려면 산소통이랑 유서도 준비해야 하는 수준의 높이다. (농담이 아니다. 평균적으로 에베레스트산을 등반하려다가 1년에 4~8명이 사망한다.)

놀랍게도 세상에서 가장 높은 산은 에베레스트산이 아니다.
주인공은 하와이에 있다.

하지만 놀랍게도 앞에서 질문한 내용의 답은 에베레스트산이 아니다. 정답은 하와이에 위치한 마우나케아산이다. 이 산은 4,207m밖에 안 되니까 8,848m의 에베레스트산보다 낮은 거 아니냐고? 해수면에서부터 측정한 높이 기준이라면 그렇다. 하지만 보이지 않는 곳에 숨어 있는 것이 더 무서운 법이다. 해저에서부터 이 산의 높이를 측정하면 무려 10,200m나 된다. 에베레스트산보다도 더 높은 산이지만 대부분이 바다 아래에 숨어 있는 것이다. 마우나케아산이 말을 할 수 있다면 진짜 높이로 따지면 자기가 더 크다고 말하고 싶을지도 모르겠다.

| 혜성에서 나는 냄새는
썩은 달걀 냄새?

　인류는 항상 우주로 가는 꿈을 꾼다. 사람이 생존하기 어려운 환경이라 그런지 가 보지 못한 미지의 장소에 막연한 동경을 품는 것 아닐까? 그런데 이렇게 힘든 과정을 거쳐 도달한 우주에서 썩은 달걀 냄새가 난다면? 믿기 힘들겠지만 드넓은 우주를 날아다니는 혜성에서는 고약한 냄새가 난다. 과학자들이 혜성 67P/추류모프-게라시멘코(아주 외우기 어려운 이름이니까 외울 거라면 100번씩 공책에 적어 보자.)에서 확인한 건 마치 썩은 달걀과도 같은 냄새였다.

혜성에서는 달걀 썩은 내가 난다.
여러분의 로맨틱한 생각을 와장창 박살 내는 팩트다.

혜성이 삶은 달걀을 먹고 방귀라도 뀌었다고 생각하겠지만 이 냄새의 원인은 방귀가 아니다. 혜성 자체에 포함된 황화수소 때문에 나는 냄새다. 사실 혜성은 썩은 달걀 냄새만 풍기는 건 아니고, 암모니아, 메탄 그리고 포름알데히드 등의 향기로운(?) 냄새들을 모두 갖고 있다. 이쯤 되면 혜성은 우주 공간 속 '천연 냄새 폭탄' 혹은 '악취 종합선물세트' 같은 존재다.

지구에서 올려다볼 때는 아름다워 보이지만, 아름다운 것들이 항상 좋은 향기를 풍기는 건 아니라는 사실을 깨닫게 되는 순간이다. 혹시라도 기술이 발달해 우주여행을 갈 수 있다면 혜성은 피해 다니자.

　세상에서 '남자의 한숨'만큼 슬플 때 나를 위로해 주는 존재가 있을까? 흡연권보다 혐연권이 우선시되는 세상이지만 그래도 담배를 손에서 놓을 수 없다. (건강에는 안 좋지만) 담배를 피우면 뭔가 머리가 잘 돌아가는 것 같다고? 뇌를 연결해 주는 신경전달물질인 '아세틸콜린'이 증가하면서 뇌가 활발하게 활동하고 머리가 잘 돌아가게 된다. 이 아세틸콜린이 뇌의 각 영역을 잘 연결해 창의적인 생각을 할 수 있도록 도와주는 매개체가 바로 '니코틴'이다. 담배에 들어 있는 성분 아니냐고? 맞다. 각성 효과를 내는 물질로 아세틸콜린을 연결하는 것뿐만 아니라 아드레날린과 도파민을 몸에서 나오게 해 준다.

　앞에서부터 왜 자꾸 좋은 이야기만 하면서 '담배 예찬'이냐고? 걱정하지 마라. 이제부터 나쁜 얘기만 할 거다. 혈당이 올라가고 당뇨에 걸릴 수도 있고 염증도 생기고 뱃살도 나온다. 그리고 담배의 니코틴은 몸 안에 적당히 들어오면 신경흥분과 각성을 일으키지만, 많이 들어오면 죽는다. 급성중독 시에는 맥박과 호흡 횟수 상승, 어지러움과 메스꺼움 등의 증상이 나타나고 심각한 경우 경련, 호흡 마비가 나타나거나 사망에 이를 수도 있다. 니코틴으로 사람을 죽인다는 이야기도 있으니 대충 알아들으셨으리라 믿는다.

　그러니까 줄담배를 피웠을 때 갑자기 어지러운 과학적인 이유가 있

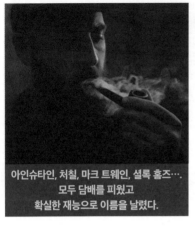

아인슈타인, 처칠, 마크 트웨인, 셜록 홈즈….
모두 담배를 피웠고
확실한 재능으로 이름을 날렸다.

담배를 피운 뒤 속이 안 좋고 어지러우면
사탕이나 초코바를 먹으면 괜찮아진다.
왜인지는 나도 모른다.

었던 거다. 이렇게 몸에서 니코틴을 과다하게 흡수해 토할 것 같고 머리가 어지러운 증상을 '니코틴 펀치'라고 부른다. (해외에서는 'nicotine sickness'라고 한다.) 마치 누군가 주먹으로 한 대 후려쳤을 때 같은 느낌이 나서 이런 이름을 붙이지 않았을까 추측해 본다. 그래서 이거 어떻게 해결하느냐고? 밥을 먹거나 설탕이 들어간 뭔가를 먹으면 증상이 완화된다. 급할 때만 이 방식을 쓰고 적당히 담배를 피우는 게 낫다. (어차피 끊으라고 해도 여러분은 안 끊을 거니까….)

095 | 카공에 숨은 과학적 사실 : 카페에서 특히 공부가 잘되는 이유

최근 들어 카페에 가면 흔하게 볼 수 있는 풍경이 있다. 바로 책이나 노트북, 태블릿을 펼쳐 놓고 공부를 하거나 업무를 보는 사람들이다. 과거에는 도서관이나 독서실, 집에서 공부하는 게 일상적이었지만, 2010년대 들어 카페에서 커피 한 잔의 여유와 함께 공부를 하는 사람들이 늘었다. 우리는 이들을 '카공족'이라고 부른다.

도대체 왜 사람들은 카페에서 공부를 하는 걸까? '공부는 역시 도서관이나 독서실에서 해야지.'라는 생각을 가진 사람이라면 한 번쯤은 가져봤을 의문이다. 이에 대해서는 여러 의견이 있지만 그중 하나가 바로 카페인의 각성 효과다. 커피의 카페인이 졸리지 않게 해 주고 집중력도 올려 준다. 마치 시험 전날 에너지 드링크를 먹고 공부하는 것과 마찬가지인 셈이다. 참고로 공부하는 도중 말고 공부를 마치고 나서 커피를 마시면 머릿속에 공부한 내용이 더 잘 남는다.

17~18세기 영국에서 유행해 20세기까지 인기를 끌었던 커피하우스의 이야기를 들으면 카공의 효율성이 어느 정도인지 입증할 수 있다. 당시 영국인들은 커피하우스에서 다양한 문화와 지식 활동을 했는데, 이때 빠지지 않는 것이 커피였다. 이걸 먹어야 머리가 잘 돌아가고 활발한 토론을 할 수 있었으니까… 당시 영국의 커피하우스가 '1페니 대학교', 즉 커피 한 잔 값으로 온갖 정보와 지식을 얻을 수 있는 장소

영국 커피하우스에서는
지식인들이 격조 높은 토론을 했다.

혹시라도 카페에서 재미있는 이야기가
들려도 들으면 안 된다.
그럼 그날 공부 끝이니까.

의 의미를 가진 별명이 있었다는 건 재미있는 사실이다.

그러니까 엄마한테 카페 가서 공부한다고 돈 받으려면 "적당히 시끄러운 게 좋다."는 소리 말고 위의 소리를 하자. 카페 소음이 공부의 집중력을 높인다는 건 멍멍이 소리다. 왜 그럴까? 연구에 따르면 사람의 일상적인 대화 수준인 약 70데시벨 정도의 배경 소음이 창의적 사고와 문제 해결 능력을 촉진시킨다고 알려져 있다. 그런데 옆에서 누가 개꿀잼 이야기라도 하면 그거 듣느라 공부 못하지.

맨유, 아스날, 리버풀, 아약스, AS 로마, 벤피카, 바이에른 뮌헨….
이 조합의 공통점은? 우선 세계적으로 유명한 축구팀이며 모두 빨간
색 유니폼을 입는다. 과연 우연일까?

아니다. 전혀 우연이 아니다. 2023년 영국에서 진행된 연구에서 연
구진이 55년간의 영국 프로축구 리그의 결과를 모두 취합해 통계를 낸
결과, 빨간색 유니폼을 입은 팀이 다른 색상보다 홈경기에서 승리할
확률이 높았다는 게 밝혀졌다.

맨유가 잘나가는 팀인 건 우연이 아니다.
빨간색을 사용하고 있어서다.

빨간색을 입으면 스포츠에서 이길 확률이 높아진다는 주장을 뒷받침해 주는 연구 결과는 또 있다. 2005년 과학 저널인 『네이처』에 실린 연구 논문은 선수들이 붉은색 유니폼이나 보호장구를 착용했을 때 경기에서 승률이 흰색이나 파란색보다 더 높았다는 걸 증명하고 있다.

신기하지 않나? 그저 색깔만 바꿨을 뿐인데 이길 확률이 높아지다니…. 빨간색에 지속적으로 노출되면 혈류 속의 아드레날린이 증가해 이런 결과를 가져온다고 한다. 빨간색 유니폼이 선수들에게 아드레날린을 분출시키고, 이겨야겠다는 강한 의지를 심어 주어 결국 승리를 쟁취하게 만들어 주는 셈이다. 이기고 싶다고? 앞으로 조기축구회랑 동호회 유니폼은 무조건 빨간색이다.

지루하고 심심할 땐 역시나 '세상에 이런 일이' 같은 이야기들이 재미있다. 거짓말 같지만 사실인 주제들을 모아 보았다.

1

인간의 위산은 의외로 강력해서 2시간 동안 위산에 면도날을 담가 놓으면 녹아 버린다. 그래서 이걸 직접 테스트해 보겠다고? 안 된다. 여러분이 면도날을 먹지는 않았으면 좋겠다.

2

지구에서 가장 많은 산소를 생산하는 존재는 나무가 아니다. 정답은 의외로 바다다. 바다에 존재하는 플랑크톤이나 해초 등이 전 세계 산소의 절반 이상을 생산한다.

바다에서 가장 많은 산소가 생성된다.
생긴 건 사람 죽이게 생겼는데….

3

구름의 무게는 가벼울 것

같지만 사실은 엄청나게 무겁다. 일반적인 적운의 지름은 약 1km이며 높이도 이와 거의 비슷하므로, 이 구름을 가로 세로가 1km인 정육면체로 생각한다면 그 무게는 대략 250톤이나 그 이상이 된다. 구름이 지구에 떨어지지 않고 떠다니는 게 천만다행이다.

4

바나나에는 방사능이 있다. 하지만 이걸 먹고 내부 피폭이 될 걱정은 안 해도 되겠다. 바나나를 먹고 방사능 중독으로 죽으려면 한 번에 1,000만 개는 먹어야 한다.

5

냉동실에서 물을 얼릴 때 뜨거운 물이 차가운 물보다 훨씬 더 빨리 언다. 하지만 뜨거운 물을 넣으면 냉장고가 고장 날 확률이 높아진다.

바나나로 방사능 중독이 되려면 1,000만 개는 먹어야 된다.
도전해 볼 사람?

냉장고 내부 온도는 냉매를 통해 일정하게 유지되는데 갑자기 뜨거운 물이 냉장고에 들어오면 내부 온도가 급격하게 상승하고, 이를 낮추려다가 냉장고가 고장 날 수 있다. 그냥 알고만 있는 게 낫겠다.

6

플라스틱 병을 재활용해 바닐라 향료로 바꾸는 방법이 발견되었다고 한다. 이제 플라스틱으로 바닐라 아이스크림을 만들 수도 있는 걸까?

7

독을 가진 뱀이나 곤충처럼 인간도 독을 만들어 낼 수 있다. 단, 인간은 진화하면서 독을 만들 필요가 없었기 때문에 그런 능력을 갖고 있지 않은 것뿐이다.

뭐? 모기가 싫다고? 나도 그렇다. 우리 집 강아지가 선정한 '지구에서 없어졌으면 하는 놈 1위'에 바퀴벌레와 나란히 랭크된 이 친구는 무더운 여름철 우리의 짜증을 가중시키는 존재다. 살충제와 모기향을 쓰자니 모기 잡다가 내가 죽을 것 같다고 생각하는 여러분을 위해 준비했다. 친환경으로 모기 퇴치하는 5가지 방법이다.

비눗물을 모기에게 뿌리기

한 연구에서 비누의 주성분인 계면활성제가 섞인 용액을 모기 몸체

세상에서 가장 혐오스러운 놈.
영원히 지구를 떠났으면 좋겠다.

에 뿌리자 날아다니거나 벽에 붙어 있던 모기가 더는 버티지 못하고 그대로 바닥에 떨어졌다. 모기의 몸체와 날개 표면은 미세한 비늘과 섬모로 덮여 있어서 몸에 달라붙는 물을 튕겨 내면서 비행할 수 있도록 되어 있는데, 비눗물의 주 성분인 계면활성제가 모기의 이런 능력을 무력화해 날아가지 못하게 막는다.

모기를 쫓을 수 있는 식물을 집에 두기

구문초, 페퍼민트, 벤쿠버제라늄, 야래향, 끈끈이주걱, 캣닢, 세이지 등이 모기 퇴치 식물로 유명하다. 특히 개박하로 불리는 캣닢에는 네페탈락톤이라는 천연 화학물질이 들어 있는데, 모기는 이 화학물질을 매우 싫어한다.

유칼립투스 오일 사용하기

유칼립투스는 잎에 기름 성분이 많아 강한 향을 뿜는다. 이 잎을 말려 얻은 유칼립투스 오일을 자기 전에 침대와 베개에 묻혀 주면 모기를 쫓을 수 있다.

모기가 싫어하는 색깔의 옷 입기

모기는 냄새로 흡혈 대상을 찾고, 색깔로 흡혈 부위를 선

파란색, 빨간색, 노란색 옷은 모기가 좋아한다. 헌혈하고 싶다면 입으면 된다.

택한다. 특히 파란색과 빨간색, 노란색을 매우 좋아해서 이 옷을 입고 있으면 무조건 '헌혈' 대상이다. 녹색이나 흰색, 황갈색, 카키색을 선택하면 모기를 피하기 좋다.

밝은 빛 비추기

모기는 '근성은 있지만 머리는 나쁜 친구'다. 한 학술지에 실린 연구 결과를 보면 밤에 밝은 빛을 10분만 비춰도 모기가 대략 4시간 동안 물지 않는다고 한다. 귀에서 윙윙 소리가 들린다면 잠깐 방의 불을 켜는 것도 답이다.

099 | MBTI는 누가 만들었을까?

MBTI 모르는 분 있는가? 사람의 성격을 16개 유형으로 구분해 개개인의 특성을 설명해 준다는 심리 검사로 한국에서 혈액형의 뒤를 이어 사람의 성격을 '과도하게 일반화(?)'하는 도구이자 '유사과학(?)'으로 사랑받고 있다. 그런데 이거, 누가 만들었을까? MBTI가 무엇의 약자인지는 알고 있는가?

정답은 캐서린 쿡 브릭스와 그녀의 딸 이사벨 브릭스 마이어스다. MBTI는 마이어스 브릭스 유형 지표(Myers-Briggs Type Indicator)의 약자다. 딸 이사벨이 대학에 진학해 클래런스 마이어스라는 남자를 만나 결혼을 약속하고 서로의 부모님에게 인사를 드리기로 했다. 그런데 클래런스의 성격이 다른 가족들의 성격과 너무 달라서 어머니 캐서린을 당황시켰다.

이 일로 인해 캐서린은 사람들마다 왜 성격의 차이가 발생하는지에 대해 의문을 품고 개개인의 성격 유형을 구분할 계획을 세웠다. 그렇게 해서 MBTI가 탄생했다. 이렇게 만들어진 MBTI는 이후 회사 내에서 사람들을 적합한 자리에 배치하는 데 사용되는 테스트로도 이용되었다.

그런데 적재적소에 인력을 배치하기 위해 널리 사용된 MBTI가 나중에는 직원을 자르는 좋은 도구가 되었다는 사실을 알고 있는가? 원

유사과학 MBTI를 만든 건 바로 이 둘이다.
너 T발 C야?

가위로 종이 자르듯 사람을 단칼에 잘라 낸
도구가 바로 MBTI다.
회사에서 잘리고 싶나?

래는 한 사람의 성격과 특징을 이해해 필요한 자리에서 일을 하도록
도와주는 도구였지만, 고용주들은 이 테스트를 통해 부적절한 사람을
가려내고 해고하길 원했다. 예를 들면 내향적인 사람이 밖에서 돌아다
니는 영업직을 맡는다면 어울리지 않는 것이기 때문에 해고시켜야 한
다는 논리다. 참으로 '기적의 논리'라고밖에 할 수 없다.

　이대로 되었다면 아마 대한민국 직장인의 99.9%는 이미 잘렸어야
하지 않을까? 미셸 투르니에가 말했던 것처럼 우리에게 직장 출근이
란 건 피곤하고 몸에 맞지 않는 일이니까….

100 | 몸에서 없어도 되는 장기 6가지

지금부터 소개할 장기들은 없어도 사는 데 지장 없다. 어떤 장기는 일부만 남겨 두면 평범한 사람처럼 건강에 이상 없이 정상적으로 살 수 있고, 어떤 것들은 그냥 떼어 버려도 상관없다.

비장

이 기관은 복부의 왼쪽, 갈비뼈 아래의 뒤쪽에 있다. 면역세포의 기능을 돕고 세균을 걸러 내며 노화된 적혈구를 제거하는 역할을 한다. 하지만 비장이 없다고 해도 몸의 다른 부분이 이 기능을 대신 할 수 있기 때문에 없어도 된다.

위

음식을 소화하는 데 필요한 위가 없어도 된다고? 맞다. 의학의 발달로 위가 없어도 살 수 있다. 위가 없으면 식도와 소장을 직접 연결하면 된다. 처음엔 불편하지만 적응하면 살 만하다.

대장

소화기 중 마지막에 위치하며 1.5m 길이의 관 모양이다. 몸에서 빼서 줄넘기를 한다는 게 이거였나 보다. 대장을 절제하면 소장을 이용

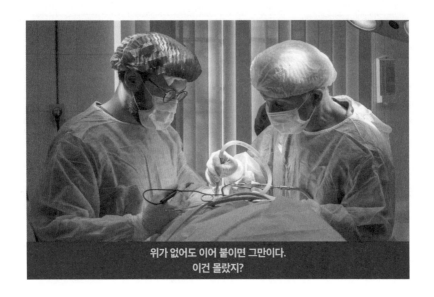

위가 없어도 이어 붙이면 그만이다.
이건 몰랐지?

해 대장의 기능을 대신하도록 수술을 한다. 진짜 줄넘기가 가능한 거
였나?

신장

혈액을 걸러 내는 역할을 맡은 신장은 2개가 있는데 하나만 있어도
살 수 있다. 아예 태어날 때부터 신장이 하나밖에 없는 경우도 있다.
하나만 있어도 문제없이 정상적으로 건강하게 살 수 있다.

맹장

이 부위에 염증이 생기면 '맹장염'이 되어 엄청난 아픔을 선사하는
데 이때는 그냥 제거해 버린다.

파이어에그가 없어도 인생은 살 만하다.
후손을 남기는 건 접어야 하겠지만 말이다.

생식 기관

남자는 고환과 음경, 여자는 자궁과 질이 생식 기관이다. 뭐, 없어도 된다. 랜스 암스트롱도 '파이어에그' 한 쪽 없이 잘만 살아간다. (그는 고환암에 걸려서 고환을 절제했고, 이후 세계적인 사이클 대회인 투르 드 프랑스에서 7연패했다.) 심지어 남자의 경우, 파이어에그가 둘 다 없으면 기대수명이 높아진다는 현대의 연구 결과가 있다. 조선 시대 궁중 남성들의 평균 수명이 50세였던 반면, 사춘기에 고환이 제거된 내시 81명의 평균 수명은 70세였다는 통계도 있다. 자르고 장수하면서 파리넬리의 길을 걸어 보실 분?

101 │ 이게 말이 되냐고? 과학과 관련된 TMI 7가지

1

인간의 뇌는 초당 1,100만 개의 개별 정보를 수집하지만 우리가 인식하는 건 고작 40개 정도다. 한꺼번에 많이 수집할 수 있는 능력이 있다고 해도 그걸 뇌에서 처리하는 건 별개의 문제인가 보다. 하긴, 한꺼번에 1,100만 개의 정보를 처리하려면 미쳐 버릴 수도 있겠다.

2

키스보다 더 많은 세균을 전염시키는 것은 악수이며, 화장실 변기보다 더 더러운 건 여러분의 자동차 핸들이다. 의외의 장소가 생각보다 더 더럽다. 그 의외의 장소가 뭔지 궁금하다고? ATM기, 지갑, 키친타월, 마트의 카트, 리모컨…. 공통점은 우리의 손이 잘 타는 곳이다.

여러분의 지갑도 의외로 박테리아가 덕지덕지하다.
손이 잘 타는 곳은 항상 더럽다.

달팽이는 저렇게 많은 이빨로 채소를 갉아먹는다.
이빨 수로만 보면 한우 투뿔을 먹어도 될 거 같은데….

3

자외선을 차단하기 위해 바르는 선크림은 이제 필수품이다. 놀랍게도 동물 중에는 피부에 '천연' 선크림이 있는 동물이 있다. 바로 하마다. 하마의 피부에 있는 색소는 유해한 자외선을 흡수하는 데 도움이 된다.

4

인간의 치아 개수는 32개인데, 달팽이의 이빨 개수는 1만~2만 개다. 틀니 만들려면 고생 좀 하겠는데?

5

땅콩으로 다이너마이트를 만들 수 있다면? 땅콩에서는 기름을 추출할 수 있는데 이 기름으로 글리세롤이라는 물질을 만들 수 있고, 글리세롤로 다이너마이트의 필수 성분인 니트로글리세린을 만들 수 있다. 이 과정이 귀찮다고? 땅콩에 불을 붙여서 던지기만 하면 된다. 그런다고 해서 터질지는 의문이지만 말이다.

6

번개가 한 번 내려칠 때의 힘으로 2만 개의 토스트를 구울 수 있다.
냠냠.

7

우리 몸에는 약 30조 개의 세포가 있으며, 매 초마다 380만 개 정도
의 세포가 교체된다. 다시 말해 3초마다 생산되는 새로운 세포의 수가
대략적으로 한국 인구의 1/5 수준이다. 하루 종일로 따지면 3,300억
개의 세포가 교체되는 셈이다.

102 | 비싼 카메라로 레이저를 찍으면 고장 난다고?

공연장에서 비싼 카메라로 아이돌 찍는 게 삶의 낙이라고? 그렇다면 조심해야 할 게 하나 있다. 바로 레이저다. 레이저가 카메라 렌즈를 한 번 비추기만 해도 여러분의 수백만 원짜리 카메라는 고장 난다.

레이저는 높은 에너지를 가진 빛으로 다른 빛들과 달리 퍼지지 않고 일직선으로 뻗어나간다. 그러다가 다른 물체를 만나면 빛이 흡수되거나, 반사되거나, 꺾여서 다른 곳으로 튀어나간다. 이런 성격을 가진

여러분이 싫어하는 사람이 비싼 카메라를 갖고 있다면 몰래 레이저를 쏴라.

레이저가 카메라 렌즈를 통과하게 되면 굴절작용에 의해 빛이 산란되고, 이를 이미지 센서에 기록하게 된다. (이미지 센서는 카메라 렌즈를 통해 들어온 빛을 디지털로 변환해 주는 역할을 담당한다.) 혹시라도 레이저가 카메라 렌즈를 비추면 강렬한 빛이 이미지 센서에 손상을 남겨 카메라를 망가뜨린다. 그 결과는 정말 끔찍하다.

그러니까 혹시라도 비싼 카메라를 샀다면 레이저가 있는 곳은 피해서 촬영해야 한다. 비싼 카메라뿐만 아니라 스마트폰 카메라도 같은 원리로 작동하니까 레이저가 있는 곳에서 촬영하려면 조심해야 한다. 도대체 어떻게 고장 나는지 궁금한 사람은 유튜브나 구글에서 '카메라 레이저'를 검색해 보면 된다.

103 | 그때는 맞고 지금은 틀린 것 6가지

"라떼는 말이야, 학교 다닐 때 이렇게 배웠어!"라고 외쳐 보지만 시간이 흘러 연구를 통해 새로운 사실이 밝혀지면서 쓸모없게 된 것들이 있다. 창피하다고? 괜찮다. 혹시 몰랐다면 지금부터 알면 된다.

물질은 액체, 기체, 고체로만 존재하지 않는다

학교 다닐 때 과학 시간에 3가지 형태로만 물질이 존재한다고 배웠을 텐데, 연구 결과 대기 너머에 '플라즈마'라고 불리는 또 다른 형태의 물질이 존재하는 걸로 밝혀졌다. 그러니까 물질의 형태는 총 4개인 셈이다.

태양계 행성은 '수금지화목토천해명'이 아니다

명왕성은 2006년부터 태양계 행성이 아니기 때문에 태양계 행성은 9개가 아닌 8개다. 국제천문연합은 이 불쌍한 행성에 '왜행성'이라는 새로운 이름을 붙여 주었다.

우리는 일생 동안 뇌의 10% 이상을 사용한다

도대체 누가 "평생 살면서 뇌를 10%도 못 쓴다."고 말했는지 모르지만 기기의 발달로 정밀한 뇌 스캔을 해 볼 수 있게 되었고, 인간이 뇌

명왕성은 이제 행성이 아니다.
명왕성 안녕~.

의 10% 이상을 사용한다는 결과가 나왔다.

혀에서 맛을 느낄 수 있는 부위는 골고루 퍼져 있다

1901년 독일 과학자가 발표한 논문에 '혀에서 맛을 느낄 수 있는 부분'이 정해져 있다는 내용이 있었다. 하지만 사실 5개의 맛을 감지하는 수용체는 혀 전체에 골고루 분포되어 있다는 게 밝혀졌다.

사람이 죽으면 머리카락과 손톱은 자라지 않는다

산소가 함유된 혈액이 사람이 죽어서 체내 순환을 멈추면 새로운 머리카락과 손톱 조직을 만드는 세포는 작동하지 않는다. 도대체 누가 사람이 죽어도 머리카락과 손톱은 자란다고 했나?

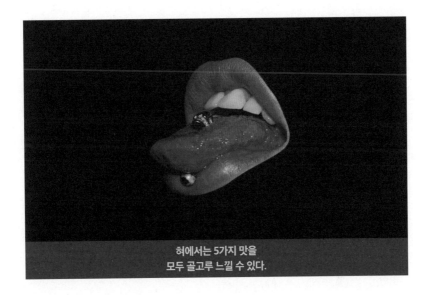

혀에서는 5가지 맛을
모두 골고루 느낄 수 있다.

무지개는 항상 '빨주노초파남보'가 아니다

일곱 빛깔 무지개가 항상 존재하는 건 아니다. 무지개는 공기 중의 얼음이나 물방울에 반사되는 빛의 각도에 따라 2줄이나 3줄 정도로만 나타날 수도 있다. 무지개의 종류는 10여 개 정도 된다고 한다.

CHAPTER 9

사나이 가슴을 울렁이게 하는 화제!

남자의 물건

104 | 듀…퐁! 소리가 나는 고급… 아니 불량품 라이터?

　영화 「타짜 : 신의 손」에서 배우 유해진이 "듀 해 봐. 듀" 하던 대사, 기억나는가? 이 뒤에 올 단어는 바로 '퐁'이다. 이 특유의 소리 덕분에 프랑스 S.T. 듀퐁의 라이터는 명품으로 자리 잡았다.

　듀퐁의 라이터에 숨은 이야기가 참 재미있다. 창립자인 시몬 티쏘 듀퐁은 가죽 제품으로 성공을 거둔 뒤 1919년에 두 아들인 루시앙과 앙드레에게 회사를 물려주었다. 이 둘은 듀퐁이라는 브랜드를 대표하는 아이템을 만들어 유명해졌는데, 바로 라이터다. 제2차 세계대전 때 전쟁으로 인해 가죽 원자재 공급이 턱없이 줄어들어, 기존에 듀퐁에서 잘 팔리던 가죽 제품을 만들 수 없게 되었다. 듀퐁 가문은 이 위기를 극복하기 위해 1941년 가죽가방 제작에 사용한 금속 세공 기술을 활용하여 석유를 연료로 하는 라이터를 만들었고, 1952년에 이를 개량해 가스라이터를 내놓았다.

듀퐁의 라이터 소리는 원래 잘못 만든 거다.
운이 억세게 좋다.

　이렇게 해서 등장한 듀퐁의

듀퐁이 라이터를 만들게 된 건 순전히 전쟁 때문이었다.
전쟁은 모든 걸 부족하게 만든다.

라이터는 여닫을 때 '듀' 하면 '퐁' 하는 소리가 제일 유명하다. 그런데 이 소리는 사실 의도적으로 만들어진 게 아니라 실수로 만들어졌다. 1950년대에 생산된 듀퐁의 가스라이터들은 설계가 잘못되어 부품 간 마찰이 심한 오류가 있었는데, 브랜드 측에서 이 사실을 알지 못하고 실수로 불량품을 유통시켰다.

하지만 오히려 고객들은 잘못 만들어진 라이터에서 나는 '퐁' 소리에 매력을 느꼈고, 머지않아 이 소리는 듀퐁 라이터를 대표하는 소리로 자리 잡았다. 그러니까 지금은 럭셔리의 상징과도 같은 소리가 원래는 불량품 소리였던 것이다. 참고로 이 소리는 '퐁'이 아니라 '클링 사운드'라는 정식 명칭까지 갖고 있으니, 라이터로 불을 붙이면서 사람들에게 이건 '클링 사운드'라고 있어 보이게 이야기하자. 아, 그리고 중국산 짝퉁 듀퐁은 '퐁' 소리가 아닌 '빡' 소리가 나니까 샀다면 망신당할 준비를 하자.

악기와 오디오부터 바이크, 엔진과 로봇 그리고 심지어 골프 카트까지 만드는 회사가 있다는 것 알고 있는가? 아무거나 가리지 않고 다 만드는 이 회사는 바로 일본의 야마하다. 보통 여러 요리를 만드는 식당은 맛이 없지만 야마하는 특이하게 많은 분야에서 상급의 제품을 만드는 것으로 유명하다. 악기 분야 1위이며, 세계에서 가장 오래되고 유명한 오토바이 제조업체 중 하나이니 도대체 어떻게 이걸 다 만드는지 궁금할 정도다.

그 비결이 뭔지를 지금부터 알려 줄 건데 좀 복잡하다. 1887년 시작된 야마하는 처음에는 피아노와 풍금을 수입하고 수리했다. 이때 얻은 노하우를 바탕으로 피아노를 만들었고, 뒤이어 다른 악기들도 수리하며 영역을 확장했다. 여러 악기를 하나하나 분해하고 뜯어 본 경험을 바탕으로 기타나 금관악기, 타악기, 신시사이저 등도 만들기 시작했다. 야마하의 로고가 악기를 조율할 때 사용하는 튜닝 포크 3개가

야마하는 악기부터 골프 카트까지
안 만드는 게 없다.

야마하 바이크는 의외로 인기가 많다. 배달 라이더들이 주로 타는 오토바이부터 빠른 스피드를 자랑하는 오토바이까지 종류도 다양하다.

조합된 모양인 것은 그 뿌리가 바로 악기에 있기 때문이다.

그렇다면 악기를 다루던 이 회사가 어떻게 오토바이 같은 제품들을 만들게 된 걸까? 답은 전쟁이다. 1920~30년대에 야마하는 일본 군대의 요청으로 군용기 프로펠러를 만들었는데 이때 얻은 기술을 바탕으로 1954년부터 오토바이를 만들었다. 야마하 바이크는 수준이 매우 높은 편이어서 지금까지도 인기가 있다.

야마하는 오토바이를 만들면서 확보하게 된 엔진 제작 기술을 바탕으로 도요타와 포드, 볼보 같은 굴지의 대기업에 자동차 엔진을 납품했고, ATV나 골프 카트도 만들었다. 나중에는 스노모빌, 보트, 전기 발전기, 수도 펌프, 고카트 차량의 엔진, 산업용 무인 헬리콥터, 골프채 같은 제품들도 만들었으니 진짜 이것저것 다 만들었다. 이러다가 조만간 인조인간 만드는 거 아녀?

아식스라는 이름이 무슨 뜻인지 아는가? 브랜드 이름 Asics는 라틴어 문구 'Anima Sana In Corpore Sano'의 약자다. 해석하자면 '건전한 몸에 건전한 정신'이다.

그런데 이 이름이 처음부터 사용되었던 건 아니다. 1949년 일본 고베 지역에서 오니츠카 키하치로가 설립한 오니츠카 상회가 바로 아식스의 전신이다. 어디서 들어 본 이름이라고? 맞다. 우리에게도 익숙한 오니츠카타이거가 아식스의 원래 이름이다. 농구화를 만들던 오니츠카타이거가 다른 스포츠 브랜드와 합병하면서 아식스라는 이름을 갖게 된 건데, 뿌리와도 마찬가지인 오니츠카타이거는 아식스 산하 브랜드로 여전히 인기 있다.

오니츠카타이거는 1977년 다른 스포츠 브랜드와 합병하고 이름을 아식스로 바꾸었다. 하지만 아식스는 세계적인 브랜드와의 경쟁에서 밀렸는데, 당시 나이키·아디다스·퓨마 같은 유명 브랜드들이 더 큰 인지도를 쌓아 가고 있었기 때문이다.

아식스는 경쟁자들을 누르기 위해 1980년대 자사 신발에 '젤' 기술을 도입했다. 쉽게 말하면 아디다스의 '부스트'나 나이키의 '에어'와 비슷한 쿠션인데, 이 기능이 도입된 신발이 미국에서 큰 인기를 끌면서 아식스는 상황을 반전시켰다. 충격을 흡수하고, 발을 지지해 주며, 편

원래 아식스의 이름은
오니츠카타이거였다.

아식스의 옆면에 있는 줄무늬는
오니츠카타이거에도 똑같이 들어가 있다.

하게 해 주는 이 기술 덕분에 아식스는 달리기용 신발의 강자로 자리
매김할 수 있었고, 현재도 아식스 제품 중에서 젤이라는 이름이 붙은
신발은 인기가 많다.

　원래 운동을 즐기는 사람이 아니라면 아식스는 가까이 하기 쉽지
않은 브랜드였다. 기능에 치우친 디자인 때문에 일상생활에서 신기에
는 무리가 있었고, 신으면 '아저씨' 취급을 받았다. 하지만 발렌시아가
의 시도로 불어 닥친 어글리 슈즈 열풍으로 아식스는 패션계에서 떠오
르는 브랜드가 되었다. 이 정도면 반전의 반전이다.

107	WD-40이 미사일 때문에 탄생했다고?

진정한 상남자의 브랜드는 상남자들이 많이 쓰고 많이 접하는 브랜드가 아닐까? 그런 의미에서 미국의 WD-40은 가히 상남자의 브랜드라고 할 수 있다.

WD-40은 원래 미사일 때문에 발명되었다. 1953년 미국의 '로켓 케미컬 컴퍼니'라는 회사는 의뢰처로부터 한 가지 요청을 받았는데, 미국 최초의 탄도 로켓 발사체 아틀라스 미사일의 표면에 녹이 스는 걸

WD-40은 원래 미사일의 녹 제거를 위해 만들어졌다.
그랬던 게 지금은 안 뿌려지는 데가 없다.

방지해 달라는 거였다. 미사일 표면에 녹이 슬면 고장이 나게 되고, 냉전 시기에 미사일이 고장 난다는 건 전쟁에서 진다는 뜻이나 마찬가지였기 때문에 미사일은 항상 '반짝반짝'해야 했다. 그래서 로켓 케미컬 컴퍼니는 금속 표면의 수분을 빠르게 제거하는 오일인 WD-40을 만들어 냈다.

재미있는 건 미사일에 녹이 슬지 않도록 만들어진 WD-40이 다른 데에서도 효과를 발휘했다는 것이다. WD-40이 여러 분야에서 좋은 성능을 보이자 민간에도 판매하기 시작하면서 지금은 없어서는 안 되는 남자의 필수품이 되었다. 사용 방법이 무려 2,000가지가 넘는 덕분에 WD-40은 인터넷과 신용카드, 콘택트렌즈와 함께 '역사를 바꾼 50가지 제품'에 랭크되기도 했다.

108 | 파가니 차에 들어가는 볼트만 1억 원이 넘는다?

여러분은 스무 살 때 뭐하셨나? 대부분은 대학이나 군대에서 시간을 보내고, 또 다른 누군가는 일터에서 생업에 종사했을 텐데, 놀랍게도 슈퍼카를 넘어선 '하이퍼카' 브랜드 파가니의 창립자 호라시오 파가니는 스무 살 때 스스로 자동차를 설계하고 만들었다. 그것도 그냥 굴러만 가는 차가 아니라 씽씽 달리는 레이싱 카였다는 게 놀랍다. 이 정도면 재능이 있다 못해 넘치는 것 아닌가?

재능 넘치는 파가니가 만든 이탈리아의 파가니는 남자들의 마음을 설레게 했다. 파가니는 세계 3대 하이퍼카 회사인 동시에 다른 자동차 회사와는 다른 독특한 철학을 가지고 차를 만드는 회사다. 성능은 말할 것도 없고 디자인도 독보적이며 섹시한 덕택에 차 좀 안다 하는 남자들이 드림카로 꼽는다. 하나부터 열까지 꼼꼼하게 만들어져 소비자의 심미안과 성능에 대한 욕구를 동시에 만족시키는 세계에서 몇 안 되는 자동차 브랜드라고 할 수 있다.

정말이다. 그러한 만족은 그냥 나오는 게 아니다. 파가니의 하이퍼카들은 '아, 이건 좀 심한데?' 수준의 치밀한 디테일을 자랑한다. 그중 한 가지가 후방 범퍼에 달리는 차량 모델의 로고다. 단단한 알루미늄 블록으로 만들어진 로고는 그 과정을 완료하는 데 24시간이 걸린다. 중국이었으면 대충 '딸깍' 해서 10초면 만들 텐데, 파가니는 로고 하나

볼트만 모아도 벤츠 한 대 뽑을 수 있다.
이 정도면 확실히 고급 자동차다.

파가니의 디자인은 누가 봐도 섹시하다.
성능도 그에 못지않게 뛰어나다.

만드는 데 하루가 꼬박 걸린다.

이미 성능이나 외관에 대해선 많이 알고 있을 테니 잘 알려지지 않은 재미있는 사실을 소개하는 편이 더 낫겠다. 파가니의 와이라 모델에는 1,400개의 볼트가 들어가는데 전부 티타늄으로 만들어져서 개당 10만 원이 넘는 비싼 가격을 자랑한다. 차량에 들어가는 볼트 가격만 따져도 1억 원이 훌쩍 넘는 셈이다. 볼트를 살 돈으로 쉐보레의 코르벳이나 벤츠 S 클래스를 살 수 있다. 뭐, 차 가격도 한화로 30억 원이 넘으니까 볼트가 1억 원 정도 한다고 해서 욕할 필요는 없을 것 같다.

109 | '매너가 사람을 만든다.'는 킹스맨의 물건들

스파이가 사용하는 물건만큼 남성미 넘치는 물건은 없다. 『잘난 척하고 싶을 때 써먹기 좋은 잡학상식』에 나온 '지상 최대의 스파이 제임스 본드의 물건들'이 재미있었을 분들을 위해 이번에는 또 다른 영국 스파이 킹스맨의 물건들을 준비했다. 이 물건들을 사용하면 매너는 기본으로 장착된다.

런던 택시 컴퍼니 TX4

우리에게 익숙한 런던의 택시 블랙 캡이 「킹스맨」 영화에서 최첨단

영국에선 흔한 택시지만 영화에선 최첨단 자동차로 변신했다.
영화 「007 시리즈」가 생각나는 순간이다.

으로 변화했다. 운전사가 딸려 있긴 하지만 원격으로도 제어 가능한 자율주행 차량이며, 무려 잠수함(!)으로도 변신할 수 있다. 거기다가 유도 미사일까지 딸린 차라니….

달모어 62년산

「킹스맨」의 주인공 에그시는 마티니를 좋아하지만, 영국 스파이라면 그보다 더 영국적인 술을 마셔야 하지 않을까? 「킹스맨」 1편에서 잠깐 등장하는 달모어 62년산이 그 답이 될 수 있겠다. 참고로 이 위스키는 실제로 존재하지는 않고 영화에서만 등장한다. 마셔 보고 싶다면 달모어에서 내놓는 62년을 숙성시킨 위스키가 그 대안이 될 수 있다. 전 세계에 12병밖에 없으며 가격은 약 2억 3,000만 원 정도니까 열심히 돈을 벌어야겠다.

토카레프 TT와 우산총

영화의 멋진 액션에서 등장하는 권총은 바로 구소련의 토카레프 TT다. 영국 스파이가 왜 구소련 권총을? 이유는 나도 잘 모른다. 하지만 이 영국 스파이들은 기존의 토카레프 TT를 개조해 새로운 권총으로 만들었다. 확실히 뭔가 폼 나 보이긴 한다. 더불어 킹스맨의 무기라고 할 만한 '우산총'도 있는데, 영화가 개봉한 후 실제로 이 총을 만들어서 유튜브에 영상을 올린 사람들도 있다. 이건 좀 끌리는데?

수트

킹스맨은 영화 속에서 몸에 딱 맞는 영국식 수트를 입는다. 잘 빠진 정장 한 벌 입어 보고 싶다고? 영화 속에 등장하는 비밀기지이자 양장

알고 보면 이 시계가 등장한 것도 결국 광고다.
그런데 이렇게 재미있는 광고가 세상에 어디 있나!?

점인 킹스맨은 수트로 유명한 영국 새빌로우가의 '헌츠맨'을 모티브로 만들어진 가상의 공간이다. 실제로 제1차 세계대전과 제2차 세계대전 때 영국 정보국은 종종 재단사들을 스파이로 이용해 정보를 캐 오기도 했다. 킹스맨의 수트를 입어 보고 싶다면 헌츠맨에 가서 정장을 맞추면 될까? 아쉽게도 영화처럼 방탄 수트는 못 만든다.

브레몽 킹스맨 스페셜 에디션

제임스 본드가 롤렉스와 오메가를 찬다면 킹스맨은 영국의 명품 브랜드 브레몽을 찬다. 영화에서 마취총이 달린 브레몽 시계를 작동시키는 해리 하트의 모습 기억나는가? 사실 브레몽 시계가 영화에 등장한 건 광고 때문이었지만, (영화 「007 시리즈」에서 등장한 시계들도 모두 광고다. 역시 영화는 가장 재미있는 광고판이다.) 어쨌거나 스파이에게 잘 어울리고 디자인과 성능도 나쁘지 않은 시계라고 할 수 있다. 참고로 이 시계를 만든 브레몽의 회장 닉 잉글리시는 직접 「킹스맨」 영화에 출연하기까지 했다. 궁금하면 한 번 찾아보시길….

브리프케이스

경기관총에 유탄 발사기까지 달려 있고 방패 역할까지 하는 브리프케이스는 스파이에게 필수적인 가방 같다. 정장을 입으면 그에 가장 잘 어울리는 가방인 점까지 계산해서 킹스맨에게 이런 가방을 들게 한 것 같다. 참고로 브리프케이스에 기관총을 넣어서 사용하는 건 실제로 있었던 일인데, 특수부대에서 HK사의 MP5K를 가방에 넣어 사용하기도 했다. 하나 갖고 싶다고? (총은 들어 있지 않지만) 영국의 스웨인 애드니 브리그에서 비슷하게 생긴 가방을 만들었다.

삼선 하면 아마도 많은 사람이 슬리퍼를 가장 먼저 떠올릴 거다. 그런데 '삼선쓰레빠'의 근본이 아디다스에서 나온 아딜레트라는 사실을 알고 있는가?

아딜레트는 1972년 독일 축구팀 선수들을 위해 만들어졌다. 독일 축구팀 선수들은 운동이 끝난 후 샤워를 할 때마다 발이 젖어서 돌아다닐 때 불편함을 느꼈고, 이 불편함을 해결해 줄 수 있는 신발을 필요로 했다. 독일 회사인 아디다스가 1954년부터 독일 축구팀의 유니폼 스폰서를 도맡아 만들어 왔기 때문에 이 문제를 해결해 줄 아딜레트를 만들었다.

아디다스의 '삼선쓰레빠'는 옆에 아디다스 로고가 새겨져 있다.
없으면 짝퉁이다.

아딜레트는 운동 후에 편하게 신을 수 있어야 했기에 발을 넣고 빼기 쉬운 디자인이다. 덕분에 평범한 사람들도 그 편리함에 빠졌고, 1990년대와 2000년대를 지나면서 일상생활에서 많이 신게 되었다.

하지만 길에서 쉽게 볼 수 있는 삼선쓰레빠는 대부분 아딜레트가 아니라 중국산 짝퉁이다. 몇천 원밖에 안하는 저렴한 가격에 비해 아딜레트는 그 가격이 상대적으로 비싼 편이라서 오히려 아디다스 '삼선쓰레빠'를 사면 바보 취급받는다. 물론 저렴하게 구매하면 2만 원 이하로도 구매할 수는 있지만 3,000원짜리 중국산을 가격으로 이길 수 있을까?

던힐이라는 이름을 들으면 뭐가 떠오르는가? 아마 담배를 떠올리는 사람이 많을 거다. 던힐 담배를 좋아하는 사람들도 분명 이 책을 읽고 있을 거다. 담배 이야기를 했으니 제목에 적힌 질문의 답이 담배라고 생각하는 사람도 있을 텐데, 사실 정답은 둘 다다.

영국의 명품 브랜드 이름 중에도 던힐이 있다. 명품 브랜드가 담배 브랜드와 이름이 똑같은 건 우연이 아니다. 던힐의 창립자인 알프레드

던힐 담배는 원래 명품 브랜드 던힐로부터 시작되었다.
"고마, 든힐 주쏘."

던힐은 초창기에 운전용품들을 만드는 사업으로 브랜드를 시작했고, 이후에는 분야를 확장해서 흡연자들을 위한 '맞춤형' 담배도 만들어 팔았다. 이후 계속 의류 사업과 담배 사업을 같이 유지해 오다가 1967년 로스만 인터내셔널에 담배 사업 부문을 팔아서 현재는 이 회사의 후신인 BAT로스만스에서 던힐 담배를 만들어 판매하고 있다.

명품이랑 담배가 연관이 있을 줄 꿈에도 몰랐지? 그러니까 여러분이 "든힐 주쏘."라고 하며 편의점에서 담배를 살 때 어느 정도는 '명품' 이름값이 섞인 담배를 구매하는 셈이다. (물론 0.0001% 포도향이 섞인 포도맛 주스를 먹는 거나 마찬가지인 셈이지만….)

112 | 시계로 '플렉스'가 싫다면 이 시계가 딱?

롤렉스 시계를 차고 다니며 남들에게 자랑하기 싫다고? 아니면 그럴 돈이 있으면 차라리 치킨을 배터지게 먹겠다고? 그럼 치킨 한 번 먹을 돈은 포기할 수 있나? 그 돈에 조금만 더 보태면 카시오 시계를 하나 살 수 있다. 흔히 '수능시계'라고 불리는 제품은 1만 원도 안 하고, 인기가 많고 가격이 좀 나간다 하는 제품도 대략 2~5만 원 정도면 구매할 수 있다.

그런데 카시오가 원래는 시계 회사가 아니었다는 것 알고 있나? 카시오는 1946년에 엔지니어 타다오 카시오와 그의 형제들이 설립한 카시오 세이사쿠조가 전신이다. 놀랍게도 초창기의 카시오가 내놓은 제품 중에서 가장 잘 팔린 품목 중 하나는 바로 담배 파이프다. 반지 위에 담배를 끼울 수 있는 부분이 있어 손에 냄새가 배지 않도록 하는 용도였다. 시계 회사의 첫 시작이 담배 파이프라니 좀 의외다. 담배 파이프 이후에 카시오는 계산기를 만들기 시작했고, 이렇게 해서 얻은 기술을 바탕으로 시계도 만들기 시작했다. (여전히 계산기도 잘 팔리고 있다.)

지샥을 제외하더라도 카시오 시계는 정말 모델도 많고 용도도 가지 각색이다. 저가 라인부터 고가 라인까지 다양하게 나와서 주머니 사정에 맞춰 구매할 수 있다. 특히 인기 있는 모델들은 저렴해서 부담도 없고 디자인도 종류가 많아서 원하는 사람이 많다. 카시오는 어떻게 이렇게 저렴하게 시계를 만들까?

이게 카시오가 만든 담배 파이프다.
시계랑 무슨 연관이 있나?

싸고 정확하고 튼튼하고….
더 이상 뭐가 필요한가?

그 답은 쿼츠 무브먼트다. 시계의 심장이라고도 할 수 있는 무브먼트는 크게 기계식과 쿼츠 2가지로 나뉘는데, 쿼츠는 훨씬 더 저렴하고 정확해서 많은 시계에 사용되고 있다. 안에 들어가는 심장이 저렴하니 당연히 시계의 가격도 전체적으로 낮아지는 셈이다. 롤렉스 같은 기계식 시계가 사회적인 지위를 과시하기 위한 소품이라면, 카시오 같은 쿼츠 시계는 그야말로 실용적인 목적을 위한 제품이다. 자랑하는 게 싫은 사람들에게 딱인 이유다.

선글라스가 원래 비행기 조종사들을 위해 만들어졌다는 사실을 알고 있는가? 1929년 미 공군의 존 매크레디 대령은 바슈롬사에 '파일럿을 위한 안경'을 주문했다. 이 안경은 비행중인 파일럿의 눈을 태양으로부터 보호하기 위해 직사광선을 차단하는 동시에 시야가 잘 보여야 했다. 여러 번의 연구 끝에 바슈롬사는 새로운 안경을 만들어 냈고 이 모델에 광차단용 안경이라는 의미에서 'Ray-Banned Glasses'라는 이

'라이방'이 선글라스의 원조다.
공군이 만들고 육군이 마케팅한 바로 그 선글라스다.

름을 붙였다. 어디서 많이 들어 본 것 같다고? 바로 레이밴 선글라스의 탄생 이야기다. 최초의 선글라스 브랜드가 레이밴이다.

바슈롬사는 이 안경을 1937년부터 민간에도 판매했는데 처음에는 잘 안 팔렸다. 그러다가 '초대박'을 터트리게 되는데, 바로 우리에게도 익숙한 미국의 맥아더 장군이 레이밴 선글라스를 쓰기 시작하면서부터였다. 미국의 전쟁 영웅이었던 그가 태평양전쟁에 참전했을 때 레이밴 선글라스를 착용한 그의 모습이 방송과 신문을 통해 공개되었고, 그가 쓴 선글라스에 사람들이 관심을 갖게 되어 판매량이 증가했다. 한마디로 공군이 만들고 육군이 마케팅한 선글라스라고 해도 된다. 이거 완전 뼛속까지 군대 출신이잖아?

| **독재자만 피울 수 있던 담배가 있다?**

시가를 보면 무슨 생각이 드는가? 사진에 보이는 두껍고 큰 담배다. 이거, 영화에서 마피아들이 피는 거 봤다고? 맞다. 돈 많은 사람이 하는 취미라고 생각이 든다면 정확하게 맞혔다. 1개비 태우는 데 일반 담배 한 보루 가격을 넘기는 건 다반사고, 비싼 건 1개비에 100만 원이 넘는 고급 취미다. 그런 의미에서 전 세계 시가 브랜드 중에서 제일 유명한 코히바는 확실히 럭셔리의 상징과도 같은 브랜드다. 이거야 말로 진짜 남자의 물건이다.

그런데 원래 코히바 시가는 평범한 사람들은 피지도 못했다는 사실을 알고 있는가? 코히바는 1960년대에 쿠바의 독재자 피델 카스트로만 피울 수 있는 시가였다. 경호원이 자기 친구에게 받아 피우던 시가를 우연히 카스트로가 맛보게 되었고 이 시가에 반해 자신만을 위한 담배를 만들도록 지시했던 것이다. 시가는 원래 다양한 사이즈로 나오는데 이 시기에는 카스트로가 원하는 한 가지 사이즈 '란세로'만 만들어졌다.

다행히도 이 맛좋은 담배는 1982년부터 민간에도 판매되기 시작해서 지금은 돈만 있다면 누구나 코히바 시가를 피울 수 있다. 하지만 과거에 코히바는 피델 카스트로'만' 피우는 시가였기 때문에 그가 선물로 주지 않는 한 아무도 피울 수 없었다. 고위급 인사나 다른 나라의 원수 및 외교관 등 카스트로가 주고 싶은 사람에게만 코히바 시가를 선물로

원래 이 담배는 카스트로가 주지 않으면
피우지 못했다.
지금은 돈만 있으면 피울 수 있다.

이렇게 생긴 게 오리지널 쿠바산 코히바다.
유사품과 가품에 주의하세요.

줬으니 귀한 물건이었다.

물론 지금도 코히바는 귀하다. 최근 쿠바산 시가에 대한 수요가 늘
어 구하기 쉽지 않다. 그렇다고 해서 아무 코히바나 막 사면 안 된다.
코히바는 쿠바에서 만드는 것과 미국에서 만드는 것 2가지로 나뉜다.
쿠바산 시가는 미국에서 판매가 금지되어 있기 때문에 제너럴 시가라
는 회사가 코히바 브랜드만 가져와 쿠바 밖에서 시가를 만들기 시작했
다. 소위 말하는 '레드닷 코히바'는 쿠바산 코히바와는 완전히 다른 브
랜드니까 좋다고 샀다가 낭패를 볼 수도 있다.

115 | 지금과 같은 안전벨트를 최초로 만든 회사는 어디일까?

1927년에 설립된 스웨덴의 볼보는 세계적인 자동차 브랜드로 사랑받고 있다. 라틴어로 '나는 구른다.'는 의미를 지닌 볼보는 대형사고가 나도 살아남는 브랜드로 인정받고 있으며, 수많은 자동차 브랜드 중에서도 안전성과 내구성 면에서 단연코 선두를 달리고 있다. 이 정도면 '튼튼한 자동차'의 대명사와도 같은 셈이다.

볼보의 안전성을 잘 보여 주는 사례가 바로 안전벨트다. 볼보가 지금과 같은 형태의 안전벨트를 만든 최초의 자동차 브랜드라는 사실을 알고 있었나? 과거에는 허리 부분만 고정시키는 2점식 안전벨트(비행기 좌석 벨트 형태)가 대부분이었다. 하지만 볼보에서 1959년 오늘날 우리가 사용하는, 허리와 어깨까지 고정시키는 훨씬 더 안전한 3점식 안전벨트를 세계 최초로 선보였다. 그런데 모든 사람이 안전하게 자동차를 타야 한다고 생각해 따로 특허 등록도 하지 않았다고 하니 이 정도면 '혜자' 그 자체다.

뿐만 아니라 볼보에서는 다양한 에어백도 발명했다. 안타깝게도 '세계 최초의 에어백 개발'이라는 타이틀은 벤츠에게 빼앗겼지만 측면식 에어백, 커튼식 에어백, 보행자 에어백 등 다양한 제품을 개발해 내면서 운전자와 보행자의 안전을 동시에 신경 썼다. (보행자 에어백은 보행자 사고 시에 사람이 부딪히기 쉬운 차량 부위에 설치된 에어백이다.) 보행

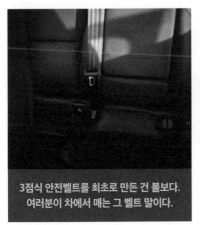

3점식 안전벨트를 최초로 만든 건 볼보다.
여러분이 차에서 매는 그 벨트 말이다.

볼보 차량은 튼튼한 걸로 유명하다.
잔고장이 없고 사고가 나도 사람이 크게
다치지 않는다고 명성이 자자하다.

자 에어백이라니, 이제 뚜벅이의 눈물을 닦아 줄 수 있겠다는 생각이
든다.

안전성만큼이나 내구성도 뛰어나다. 워낙 튼튼하다 보니 진짜 차
가 죽여 달라고 비명을 지를 때까지 볼보 차를 타는 사람도 있다. 미국
의 어브 고든이라는 남성은 1966년식 볼보 P1800 모델을 탔는데 주행
거리 때문에 기네스북에 올라간 적이 있다. 총 주행거리가 300만 마일
(약 480만 km)이다. 이 정도면 달까지 6번 왕복할 정도라고 하는데 그
냥 이 차에 로켓을 달아서 달로 쏘아 보내도 고장 나지 않을 것 같다.

여러 갈래로 꼬인 가죽으로 구성된 지갑과 가방을 많이 봤을 거다. 바로 이탈리아 명품 제조사 보테가 베네타의 제품이다. 높은 인기를 구가하고 있는 이 브랜드는 특유의 세공 방식으로 디자인이 심플하고 세련되어 인기가 높은 편이다.

보테가 베네타 특유의 방식은 바로 '인트레치아토'다. 발음하기 어렵다고? 보테가 베네타가 이탈리아 회사고, 저 어려운 단어도 이탈리아어일 테니 그냥 그러려니 하자. 보테가 베네타는 창립 당시 이탈리아 북부의 비첸자 지역에서 가죽 제품을 만들기 시작했는데 이곳에서는 당시 장인들이 부드러운 가죽을 끈 형태로 잘라서 머리 땋듯이 엮는 기법인 '인트레치아토' 기법으로 제품을 만들었다. 보

이게 '인트레치아토'다.
보테가 베네타를 대표하는 시그니처다.

테가 베네타도 이 방식을 이용해 지금의 유명세를 얻었다는 건 공공연한 사실이다.

물론 지금은 잘나가지만 한때는 보테가 베네타도 위기를 맞은 적이 있다. 인트레치아토로 만들어진 제품들은 품이 많이 들어가 만드는 데 시간이 걸렸고 생산 규모나 제품의 종류도 적어서 많은 돈을 벌기 어려웠다. 현재는 구찌의 모기업인 케링 그룹에서 보테가 베네타를 인수해 대량 생산을 하며 소비자들에게 쉽게 다가서고 있다. 물론 돈도 많이 벌고 있고….

음질에 관해서는 논란의 여지가 있지만 디자인 하나만큼은 끝내준다는 데 이견이 없는 브랜드가 있다. (안드로메다로 향하는 가격도 끝내준다.) 바로 덴마크의 뱅앤올룹슨이다. 뱅앤올룹슨은 북유럽 스타일의 심플하고 간결하면서도 현대적인 디자인으로 인기를 끌고 있다. 왠지 모르게 고급스러움이 느껴지는, 예술작품 같은 이 브랜드의 비결은 뭘까?

뱅앤올룹슨이 고급스러운 느낌이 드는 이유는 바로 디자인과 소재 때문이다. 독특한 디자인에 알루미늄 소재를 주로 사용해 제품을 만든다. 고급스러운 느낌과 높은 강도 등의 장점 때문에 많이 쓰이는데, 자체 알루미늄 제조 시설을 갖추고 제품을 생산해 내고 있을 정도다. 스피커 원래의 목적인 소리도 청아하고 명료한 걸로 알

뱅앤올룹슨의 스피커 A9.
둥근 달처럼 생겼다. 소리는 나쁘지 않다는 평이 많다.

려져 있다.

이런 뱅앤올룹슨의 유일한 단점은 가격이다. 항상 비슷한 성능의 다른 제품에 비해 더 비싼 가격대의 제품을 내놓아서 악명이 높다. 하지만 뱅앤올룹슨은 '고급'을 지향하기 때문에 굳이 가격을 낮춰서 평범한 사람들에게 판매할 생각은 없는 것 같다. 가격이 부담스럽다면 '그나마' 접근 가능한 가격의 블루투스 스피커나 이어폰, 헤드셋을 노려보는 것도 나쁘지 않다. (물론 그것들도 비싸지만….)

'겨터파크'를 폐장시켜 주는 환상의 아이템

몸에서 나는 알 수 없는 '개밥쉰내'는 남자의 매력을 감소시키는 주범이다. 없애려면 귀 뒤와 목 뒤의 움푹한 부분, 겨드랑이, 중요 부위와 발을 잘 닦으면 된다. 더불어서 땀이 많이 난다면 겨드랑이에 데오드란트를 발라 주면 냄새를 줄일 수 있다.

지금의 데오드란트가 등장한 것은 1888년 미국 필라델피아의 에드나 머피 덕분이다. 그녀의 아버지는 의사였는데 손에 땀이 많아 수술을 하기 어려운 동료들을 위해 '땀 억제제'를 만들었다. 이걸 에드나가 겨드랑이에 발랐더니 땀이 안 나서 이후 제품화하면서 데오드란트가 되었다. 땀냄새까지 없애는 효과 덕분에 시간이 지나면서 사람들의 겨드랑이를 책임지는 중요한 물건이 되었다. 미국의 특정 지역

바르고 나면 겨터파크 폐장이다.
그럼에도 샤워는 하루에 한 번 꼭 해야 한다.

에서는 몸에서 냄새나는 게 불법인 곳도 있으니, 데오드란트는 필수품이 될 수밖에 없었다.

　데오드란트는 냄새가 심한 사람을 위해 만들어진 화장품이어서 몸에서 냄새가 많이 나지 않는 한국인들은 이 화장품을 쓸 이유가 없었지만, 최근에는 '겨터파크' 폐장을 위해 많이 사용하는 추세다. 또한 시중에 나와 있는 데오드란트는 여성용과 남성용이 구분되어 있는데 향과 패키징에만 차이가 있고 성분은 사실 다 똑같다.

도대체 왜 미국 야구팀 모자가 한국과 일본 그리고 미국을 제외한 다른 나라에서 인기 있는 것일까? 쓰고 있으면 좀 괜찮아 보이긴 하는 것 같다. 그런데 이 모자에도 비밀이 숨어 있다는 것 알고 있는가?

모자 위에 새겨진 NY 로고는 야구와는 전혀 상관없는 곳에서 탄생했다. 1877년 근무 중에 총을 맞은 존 맥도웰이라는 이름의 뉴욕 경찰을 기리기 위해 메달을 제작하기로 했다. 이 작업에 귀금속 브랜드 티

이 로고를 처음 만든 건 뉴에라가 아니라 티파니앤코다.

파니앤코가 참여했고, 이 로고는 이후 1909년 뉴욕 하이랜더스, 즉 뉴욕 양키즈의 전신인 팀에서 로고로 활용되었다. 그리고 수십 년 뒤에 이 로고가 뉴에라에서 내놓은 야구 모자에 사용되면서 뉴욕을 대표하는 하나의 아이템으로 자리 잡게 되었다.

뉴욕 양키즈가 승승장구하기 시작하면서 팬들이 많아져 양키즈 모자가 많이 팔려나가고, 남색과 하얀색 조합으로만 나오던 모자가 컬러풀해진 것은 1990년대 중반이었다. 지금은 없는 색깔이 없을 정도로 선택의 폭이 넓어졌지만 그래도 역시 양키즈 모자는 남색에 하얀색 글자가 제일 괜찮은 것 같다.

CHAPTER 10

인간사 화제에 질렸을 때 좋은

동물 이야기

일본어를 전혀 모르는 한국인과 한국어를 전혀 모르는 일본인이 있다고 가정해 보자. 일본인이 일본어로 시바이누(芝犬 : 일본이 원산지인 개의 한 종류)나 게세키(欠席 : 결석)라는 단어를 말한다면? 한국인은 아마 일본인이 욕을 한다고 생각할 거다.

개와 고양이의 사이도 이와 마찬가지다. 대부분의 개와 고양이는 사이가 좋지 않은데 그 이유는 서로 사용하는 언어의 방식이 달라서 같은 행동을 두고도 다르게 해석하기 때문이다. 예를 들면 개는 종종 공격의 신호를 보내기 위해 으르렁거린다. 이 소리는 얼핏 들으면 기분 좋음을 표현하는 고양이의 '골골송'과 비슷하다. 한마디로 고양이가 기분 좋다고 골골대면 개는 그걸 싸우자는 뜻으로 받아들인다는 것이다. 꼬리를 흔드는 것도 개들은 반긴다는 의미지만, 고양이는 짜증난다는 의미이니 한쪽이 꼬리를 흔들면서 달려들면 반대쪽은 다르게 해석한다. 같은 걸 놓고도 이렇게나 표현 방식이 다르니 마치 틈만 나면 싸우는 커플처럼 서로 못 잡아먹어서 안달이다.

하지만 그럼에도 모두가 사이좋게 지낼 수 있는 해결책은 있다. 고양이와 개를 같이 생활하게 하면 시간이 지나면서 서로의 언어를 습득한다는 연구 결과가 있다. 특히 우리 집에서 기르는 개와 고양이처럼 한쪽을 어렸을 때 데려와서 다른 종의 언어를 습득하게 만들면 그 일

우리 집 강아지 여름이.
별명은 케르베로스다

우리 집 고양이 설탕이.
강아지인지 고양이인지 모를 놈이다.

은 더 쉬워진다. 한마디로 한국이 아닌 미국에 떨어져서 어렸을 때부터 자란 한국 사람이 영어를 더 잘하는 것과 마찬가지랄까? '개냥이'나 '냥뭉이'가 되는 건 역시 조기교육이 중요하다는 말이다. 물론 이 방법에도 단점은 있다. 우리 집 고양이는 자신이 고양이인지 모르는 것 같다. 도도한 맛이 있어야 하는데 '개냥이'다. 포장은 신라면인데 맛은 진라면이네?

'팔다리가 길면 동작이 우아하다.'는 말을 논리적으로 반박할 사람이 있는가? 팔과 다리가 길면 짧은 것보다 행동에 우아함이 추가된다는 건 부정할 수 없는 사실이다. 이 말은 목이 긴 기린에게도 적용되는데, 불행하게도 기린은 세상에서 가장 우아하고, 동시에 가장 불편해 보이는 동물이기도 하다. 하늘을 찌를 듯이 긴 목을 가진 이 멋진 동물이 풀 한 잎을 먹으려고 발을 넓게 벌리며 애쓰는 모습을 보면 긴 목과 팔다리도 별로 소용이 없다는 생각이 든다. 신이 기린을 만들 때 '히히 딸깍' 해서 대충 만들었을 것 같다.

기린이 목이 긴 이유는 뭘까?

첫 번째 설은 높은 나뭇가지의 잎을 먹기 위해 진화했다는 것이다. 기린은 긴 목 덕분에 다른 초식 동물들이 도달할 수 없는 나무 위의 잎사귀에 쉽게 접근할 수 있다. 아카시아 나무는 높이 자라서 다른 동물들은 잎을 먹기 힘들지만 기린에게는 알맞은 높이의 먹잇감이다. 덕분에 다른 동물들이 쉽게 먹지 못하는 높은 곳에 있는 풍부한 영양분을 쉽게 섭취할 수 있고 경쟁에서도 우위를 점할 수 있다.

두 번째 설은 기린끼리의 싸움이다. 그렇다. 얘네는 주먹이 아닌 목을 휘두르며 싸움을 하는데 목이 길면 길수록 상대방을 제압하기 훨씬 유리해진다. 기린 두 마리가 황야에서 느릿느릿 목을 휘두르며 결투를

이 긴 목을 휘둘러서 싸움에서 이긴다.
광선검을 휘두르면 효과가 더 확실할 텐데….

기린은 목이 길어서
번개를 맞기 쉽다.

벌인다니, 막대기로 싸워도 이것보단 재밌을 거라는 생각이 든다. 본
인들은 나름 진지하겠지만….

　여러 이유로 긴 목을 갖도록 진화했지만, 기린의 긴 목에는 단점이
있다. 바로 위로 높게 뻗어 있어 번개를 맞기 쉽다는 거다. 기린이 번
개에 맞아 치명상을 입을 확률은 사람보다 30배 더 높다. 일반적인 기
린이 4.5~6m 정도이고, 인간이 아무리 커 봤자 2m라는 점을 감안한
다면 키 차이를 고려하더라도 확률이 훨씬 더 높은 셈이다. 이제 별로
키 큰 기린이 부럽지 않다.

제목을 보면서 정답이 뭔지 생각해 봤는가? 아직 이 문제에 대한 해답을 못 찾았다면 힌트가 좀 필요할 듯하다. ① 우리 주변에서 흔하게 볼 수 있으며, ② 울음소리로 유명하고, ③ 부모와 자식 모두 우리가 일용할 양식이다. 이제 감 좀 잡히는가? 정답은 닭이다. (③번이 너무 잔인하다고 생각한다면 치킨이랑 달걀 프라이는 포기해야 한다.)

닭이 목이 잘려도 살 수 있다는 건 좀 충격이다. 인간과 마찬가지로 닭도 목이 잘리면 혈액 순환이 되지 않으며, 출혈이 과다해지고 심장이 뛰지 않아 결국 생을 마감하게 된다. 하지만 간혹 예외는 있는 법이다.

1940년대 미국에서 마이크라는 이름의 닭은 머리가 잘린 뒤에도 18개월 동안 살았다. (아마도 누군가 이 불쌍한 닭을 잡아먹기 위한 목적으로) 도끼를 사용해 마이크의 목을 날렸지만 도끼날이 무뎠던 탓인지 핏줄 그리고 몸과 뇌를 이어주는 뇌간 대부분이 온전하게 남아 있었다. 덕분에 목이 잘린 상태에서 마이크는 생각하고,(과연 닭이 생각할 지능이 있는지는 별개의 문제다. '닭대가리'라는 말이 괜히 있는 게 아니다.) 숨을 쉴 수 있어서 살아남았다. 참고로 목 대부분이 잘려나가서 부리로 모이를 먹지는 못했고, 목에 난 구멍을 통해 스포이드로 음식물을 주입했다.

태국에서도 2018년 3월에 비슷한 사례가 보고되었다. 이 닭은 마이

닭도 동물이다.
목이 잘리면 보통은 얘네도 사망이다

대충 이런 상태로 18개월을 더 살았다고 한다.
이 정도면 좀비 아닌가?

크보다는 훨씬 짧은 10일을 살다가 죽었는데, 유튜브에 검색하면 목이 없는 채로 살아 움직이는 영상이 남아 있다. 워낙 신기한 이야기였던 탓에 태국 뉴스에도 나왔다. (구글에서 '머리 없는 닭, 1주일 넘게 생존'으로 검색하면 된다. 비위가 약한 분들이나 노약자는 시청 불가 수준이니 참고하시라.) 하지만 보통의 닭은 앞에서 이야기한 것처럼 목을 치면 죽는다. 닭 키우는 분들, 혹시라도 이 이야기를 읽고 따라 할 생각은 하지 않았으면 좋겠다.

123

벌에게 쏘이지 않는 법과 안전하게 도망가는 법

　대부분의 사람은 귀에서 벌이 날아다니며 윙윙대는 소리가 들리는 순간 패닉에 휩싸인다. 그런데 누가 보낸 '암살용 드론'도 아닌데 굳이 무서워할 필요가 있을까? 당연히 벌은 무서워할 만하다. 한 번 쏘이면 퉁퉁 붓고, 자칫하면 알레르기 때문에 사망할 수도 있다. 특히나 꿀벌이 아닌 말벌을 마주쳤다면 일단 피하고 보는 게 상책이다. 맹독을 가지고 있어서 꿀벌보다 훨씬 더 위험하다.

벌에게 쏘이지 않으려면 향수를 뿌리지 말고
밝은 색 옷을 입으면 된다.

벌이 많아지는 날씨에 유용한 팁이 하나 있다. 바로 벌에게 쏘이지 않는 법과 안전하게 도망가는 법이다. 그냥 전력질주만 하면 만사가 해결되는 게 아니냐고 생각하겠지만, 달리기가 느린 사람도 있을 수 있으니 과학적으로 그리고 효율적으로 도망가는 방법을 알려 드리겠다. 참고로 이건 꿀벌과 말벌을 가리지 않고 필자가 직접 겪으며 얻어낸 노하우다. (필자의 아버지는 은퇴 후 10여 년 동안 양봉을 하셨고, 필자도 가끔 일을 도와드리며 벌에게 쏘인 적이 많다.)

벌과의 첫 데이트는 신중하게

벌에게 쏘이지 않는 첫 번째 법칙은 벌에게 조심스럽게 다가가는 거다. 벌이 당신에게 관심을 보이면 인사를 하며 오늘 날씨에 대해 이야기한다거나 가장 좋아하는 꿀이 무엇인지를 물어보면 성공적인 첫 데이트를 마칠 수 있다. (물론 이 부분은 농담이라는 점을 확실하게 짚고 넘어가야겠다. 대부분의 벌은 자기 둥지가 위협받지 않는다고 느끼면 여러분을 공격하지 않고 그냥 지나간다.)

벌을 자극하지 않는 방법

벌은 어두운 색을 싫어한다. (양봉업자들이 입는 벌옷의 색상이 흰색이라는 걸 떠올려 보기 바란다.) 벌들이 칙칙한 색을 싫어하는 이유는 패션 감각 때문이 아니라 자연의 법칙 때문이다. 벌의 천적으로 취급되는 곰의 털 색깔이 대부분 검은색이기 때문에 벌들은 어두운 옷을 입은 사람을 자신의 둥지를 습격하는 존재라고 생각해 공격하려 한다.

이런 수풀 속으로 뛰어 들어가면
벌들이 계속 쫓아오는 걸 막을 수 있다.

일단 타깃이 되었다면 뛰어라

벌이 접근하는 걸 보면 일단 삼십육계 줄행랑을 치는 게 제일 좋다. 그래도 독한 놈들은 인간의 스피드를 초월해 쫓아오니 조심해야 한다.

손으로 벌을 쫓으려 하지 마라

손을 휘두르며 벌을 쫓으려 한다면 벌들을 더 자극하기만 한다. 그 냥 빨리 뛰어라. 선재 업고 가려면 벌에 쏘이니까 비추한다.

뛸 때는 우거진 풀 방향으로 가라

높게 자란 잡초나 풀 사이로 뛰어가면 벌들이 장애물에 걸려 제대 로 쫓아오지 못한다. 뻥 뚫린 트랙에서 달리기하는 것과 허들을 놓은 트랙에서 달리기하는 것 중 뭐가 더 빠를까?

도망갈 수 없다면 몸을 바닥으로 숙이거나 물속으로 가라

벌들이 너무 빨라서 여러분을 다 쫓아왔다면 몸을 바닥에 최대한 붙인 채로 숙이고 있거나 아예 물속으로 뛰어드는 것도 답이다. 몸을 바닥에 붙이면 벌들은 여러분이 위협적인 존재가 아니라고 생각할 거다. 그리고 물속까지 잠수해서 쫓아올 수 있는 벌은 없다.

만약 쏘였다면 체크카드나 신용카드를 이용해라

벌이 여러분을 쏘게 되면 몸에 벌침이 남는다. 벌침은 손으로도 뺄 수 있지만, 만약 빠지지 않는다면 쏘인 부분을 따뜻한 물에 대고 있다가 체크카드나 신용카드로 긁어내듯이 밀면 빠진다. 이렇게 한 뒤 쏘인 부분이 많이 부었다면 항히스타민제를 먹어 증상을 완화시킨다.

124

고라니는 왜
한국에만 많을까?

우리나라 시골에서는 흔하게 볼 수 있는 고라니가 해외에서는 멸종위기종이라는 사실을 알고 있는가? 우리나라에 살고 있는 고라니가 지구상에 있는 고라니 개체수의 90%(!)를 차지한다. 우리나라에만 이렇게 고라니가 많다는 건 좀 놀랍긴 하다. 도대체 왜일까?

그 이유 중 하나는 천적이 없기 때문이다. 고라니의 천적은 호랑이, 표범, 스라소니(덩치 큰 고양이라고 생각하면 편하다.), 늑대, 불곰, 승냥이

고라니 울음소리를 들어 봤나? 사람 비명소리 같다.
밤에 들으면 공포다.

들이다. 전부 현재 우리나라에서 보기 힘든 동물들이다. 원래 우리나라에도 많았지만 일제강점기 때 야생동물 사냥 정책에 따라 모두 죽음을 맞이했다. 이렇게 천적이 없어진 한반도에서 고라니가 판을 치게 된 것이다.

이와 동시에 사람들 눈에 많이 띄게 된 것은 환경이 변화한 것도 한 몫한다. 고라니는 갈대밭이나 큰 풀이 있는 숲, 낮은 산림지역, 농경지에서 주로 살아가는데 논과 밭, 과수원 등이 점점 더 산지로 확장되고 곳곳에 도로들이 건설되면서 고라니가 노출된 곳이 많아진 것으로 추측된다. 국내에만 70만 마리나 있다고 하는데 제발 밤에 도로에 돌아다니면서 사고만 안 쳤으면 좋겠다. 귀엽긴 하지만 사고 쳐 놓은 걸 보면 그렇게 귀엽지만은 않으니까 말이다.

공룡 중에서 가장 인기 있는 공룡은? 가장 포악하고, 가장 무서우며, 가장 멋지게 생긴 티라노사우루스가 아닐까? 「쥬라기 공원」을 포함해 수많은 책과 영화, 드라마와 게임에 등장하는 친구다. 하지만 우리는 이 친구에 대해 생긴 것 말고는 아무것도 모른다. 가령 티라노사

생긴 건 무섭게 생겨서 입냄새 난다니까 좀 깬다.

우루스는 수명이 30년 이상이나 되었으며, 어린 티라노사우루스에게는 깃털이 있었다는 내용 같은 것 말이다.

그중에서도 가장 놀라운 건 티라노사우루스는 양치를 안 했기 때문에 입냄새가 심했을 거라는 사실이다. 전문가들은 티라노사우루스가 육식 동물이었고, 씹어 먹은 고기 조각이 치아에 계속 끼어서 엄청난 양의 박테리아가 생겨났을 거라고 추측한다. 그 박테리아가 얼마나 강력했냐면 티라노사우루스에게 한 번 물린 동물이 패혈증에 감염되어 죽었을 정도다. 당연히 이 정도면 입에서는 썩은 내가 났을 터다.

재미있다고? 티라노사우루스를 번역하면 '폭군 도마뱀'이라는 뜻이며, 수컷보다 암컷이 덩치가 큰 동물이었다는 사실도 있다. 까도 까도 뭐가 나오는 걸 보면 이 친구는 공룡이 아니라 '양파'인지도 모르겠다.

하마를 건드리면 X되는 이유

하마를 건드리면 안 되는 이유 아는가? 귀여운 얼굴 덕분에 온순한 동물의 이미지를 갖고 있지만 실제로 하마는 건드리면 큰일 나는 동물이다. 아니, 안 건드려도 큰일 나는 동물이다.

바보 같은 외모로 사랑받지만 사실 하마는 1년에 500명 이상의 인

하마는 사람을 들이받아 죽이고, 똥을 뿌리고 다닌다.
얘가 만약 사람이었으면 주변에 친구는 없었겠다.

간을 죽이는 무서운 동물이다. 사자가 전 세계를 통틀어 1년에 약 250명의 사람을 죽이고, 호랑이가 평균 55명을 죽이는 걸 감안하면 오히려 하마가 더 무섭다. 하마는 영역 동물로 자신의 영역을 지키려는 성격이 강해서 사람이 자신의 영역에 들어오기만 하면 사람을 죽인다. 아무 이유 없이 사람을 시속 40km로 들이받는 '깡패 중의 깡패'다. 이 정도면 안 건드려도 큰일 나는데?

하마가 무서운 이유는 또 있다. 바로 똥이다. 하마 한 마리당 매일 60kg에 달하는 풀을 먹으며 그에 걸맞게 어마어마한 똥을 배설한다. 심지어 싸면서 꼬리로 자신의 똥을 사방에 열심히 뿌리기까지 한다. 왜냐고? 수컷 하마가 자신의 우월함을 과시하거나 암컷 하마를 유혹하기 위해서다. 심지어 이 '똥 뿌리기' 행위를 할 때 배설물은 10m 정도까지 날아간다고 한다. 무섭기도 하고 더럽기도 하니까 피하는 게 상책이다.

미리 말한다. 크고 무섭게 생겼다고 치명적인 게 아니다. 작은 놈일수록 더 강하다.

전갈

쏘이면 1시간 안에 죽는다. 간혹 민가를 습격해서 사람들이 죽어 나가는 경우도 있다. 덩치는 작지만 그 안에 담긴 독은 강력하다. 사실 전갈의 독은 유명해서 사람들이 보면 피하긴 하는데 어찌저찌 죽게 되는 경우도 있다. 이렇게 해서 1년에 2,600여 명이 사망한다.

침노린재

영어 이름이 어쌔신 버그(assassin bug), 해석하면 암살자 벌레다. 얘는 치명적인 독으로 사람을 죽이는 건 아니고 열대 질병을 사람에게 전염시켜서 1년에 약 1만 명의 사망자를 낸다. 참고로 사람을 죽이는 건 중남미 지역의 침노린재로, 국내에 있는 침노린재는 물려도 병이 옮거나 죽지는 않는다.

민물 달팽이

달팽이가 사람을 1년에 2만 명이나 죽인다고? 물리적인 힘으로 사

의외로 개도 사람을 많이 죽인다.
이 귀여운 얼굴로?

인간도 역시 동물이다. 뭐 사람이
사람 죽이는 건 하루가 멀다 하고 뉴스에 나오니까….

람을 죽이진 않지만 민물 달팽이는 기생충의 숙주여서 인간을 기생충에 감염시킨다. 감염된 이후에 적절한 치료를 받지 않으면 심한 복통으로 사망한다.

개

전혀 안 그럴 것 같은데 의외로 개들도 오늘의 주인공 중 하나다. 전 세계에는 4억 마리의 개가 살고 있으니 이중 일부만 사람을 물어 죽여도 꽤 숫자가 크다. 1년에 약 2만 5,000~3만 5,000명이 개에게 물려서 죽는다.

뱀

독사에 물려서 사망하는 사람의 수만 해도 1년에 10만 명이다. 애는 알아보기 쉬우니까 잘 피해 갈 수 있겠다. 참고로 머리가 삼각형이거나 다이아몬드 형태면 독사, 둥글면 그냥 뱀이다.

인간

잠시 잊고 있었겠지만 인간도 동물이다. 1년에 사람이 사람을 죽이는 수를 계산하면 대략 43만 건이 넘는다.

모기

1등은 바로 모기다. 사람에게서 피를 빨면서 온갖 병을 전염시키고 급기야는 사람을 사망에 이르게 만든다. 1년에 약 75만~100만 명이 모기에 물려서 사망한다. 진짜 지구상에서 멸종이 시급한 놈이다.

128 | 사람이 지구에서 없어지면 지배종이 될 동물은?

제목이 영화 같다고? 맞다. 영화 「나는 전설이다」처럼 나 빼고 사람이 다 사라진 지구 이야기다. 인간은 나 혼자니까 지구를 지배하는 종이 될 순 없을 테고…. 핵폭탄이 터지거나 좀비 바이러스가 창궐해서 인간이 멸종되면 지구에서 어떤 동물이 가장 우세한 종이 될지 생각해 본 적 있는가?

안타깝게도 영화 「혹성탈출」처럼 침팬지 시저가 지구를 지배할 가능성은 낮다. 과학자들에 따르면, 침팬지나 원숭이 같은 유인원들은 인간이 멸종할 만한 상황이면 같이 멸종할 가능성이 높다.

가능성이 있는 첫 번째 동물은 문어다. 바다에서 슬렁슬렁 기어다니는 빡빡이 친구가? 문어는 기억력이 좋으며, 도구도 잘 다루고, 사람 얼굴도 기억할 수 있을 만큼 지능이 높다. 심지어 인간에게만 발견되는 유전자가 문어에게서 발견된 적도 있을 만큼 인간을 대체할 가능성이 높은 동물이다. 하지만 아쉽게도 물에서 사는 동물이기 때문에 육지에 올라와서 살 가능성은 낮다.

가능성이 있는 또 다른 동물은 곤충이다. 곤충이 동물이냐고? 물론 곤충도 동물이다. 다양한 환경에 적응할 수 있으며, 지구에서 4억 8,000만 년 동안 살아왔다. 특히 곤충 중에서도 벌과 개미는 군집을 이루고 살며 인간과 유사하게 집단 내에서 서열이 있는 것으로 유명하

문어는 지능이 매우 높지만 육지에 올라와서 살 수 없어 인간을 대체할 가능성은 낮다. 올라오는 순간 숙회행이다.

벌이나 개미들도 충분히 지구를 지배할 수 있는 종이다. 어쩌면 이미 지배중인데 우리만 모르는 것일 수도 있다.

다. 둘 다 각각의 개체가 역할을 분담해 일을 수행한다. 흰개미의 경우에는 진동을 사용해서 개미들끼리 장거리 통신까지 가능하다고 하니 놀라울 따름이다. 하지만 최근 벌들의 수가 감소하고 있는 걸 보면 기후 변화에서 벌들이 살아남을지는 미지수다. 반면 개미들은 기후 변화에도 충분히 살아남을 만한 가능성을 갖고 있다.

새의 경우도 지능이 높고 도구를 사용하며, 이미 공룡들이 멸종했을 때에도 살아남은 전적이 있다. 따라서 인간이 멸종된다면 제일 살아남을 가능성이 높은 건 새와 곤충이라고 할 수 있지 않을까?